Günther Dopfer
Rolf Reimer

Tabellenkalkulation im Mathematikunterricht

Eine Einführung in den Gebrauch eines dynamischen Unterrichtsmediums

Ernst Klett Schulbuchverlag
Stuttgart Düsseldorf Berlin Leipzig

Begleitdiskette zum Buch
für Computer mit Betriebssystem MS-DOS.
Die Diskette enthält Lösungen bzw. Lösungsvorschläge zu den einzelnen Aufgaben.
Klett-Nr. 739511

MS-DOS, MS-WINDOWS, MS-WORKS x.x, MS-EXCEL x.x sind eingetragene Warenzeichen der Firma Microsoft.

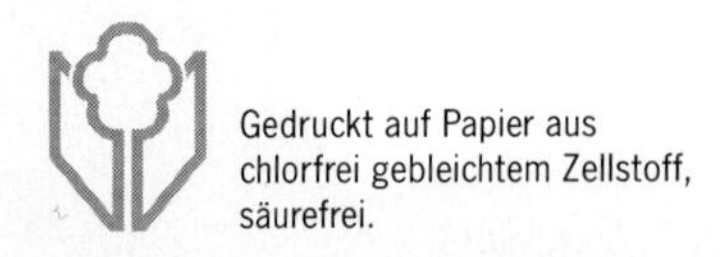

1. Auflage 1 5 4 3 2 | 1999

Alle Drucke dieser Auflage können im Unterricht nebeneinander benutzt werden, sie sind untereinander unverändert. Die letzte Zahl bezeichnet das Jahr dieses Druckes.

Umschlag: Kristin Kain
Druck: W. Röck, Weinsberg

ISBN 3-12-739510-8

Inhaltsverzeichnis

Diskette mit Lösungshinweisen

Auf der erhältlichen Diskette mit Lösungshinweisen zu den Aufgaben sind die Dateien kapitelbezogen benannt. Zum Beispiel enthält die Datei K1-A1.WKS den Lösungsvorschlag zu Kapitel 1, Aufgabe 1. Bei den Lösungsvorschlägen müssen die Tabellen zum Teil erweitert und graphische Darstellungen aktiviert werden. Wie weit eine solche Fortsetzung der Tabelle sinnvoll ist, hängt auch von der Numerik des betreffenden Systems ab. Die Genauigkeit der Ergebnisse läßt sich nicht beliebig steigern, da sich Rechenfehler eventuell aufschaukeln.

Vorwort

Tabellen und Schaubilder sind geläufige Darstellungsformen bei der Aufbereitung und Präsentation von Daten. Klassische Hilfsmittel zu ihrer Erstellung sind Papier, Bleistift, Lineal und Taschenrechner. In Tabellen mit einer Vielzahl von Daten ist der Einsatz dieser Hilfsmittel jedoch zeitraubend und nicht motivierend. Eine so erstellte Tabelle beschreibt zudem nur einen bestimmten, durch die Wahl der Parameter festgelegten Aspekt des betrachteten Problems. Tabellenkalkulationsprogramme automatisieren die eben genannten Mittel: Sie unterstützen die Berechnung von Daten durch eine Formelsprache, bieten arbeitserleichternde Ausfülloperationen und ermöglichen dadurch Berechnungen, die ohne Tabellenkalkulation aus zeitlichen Gründen nicht durchgeführt werden können. Änderungen der Parameterwerte erlauben es, Tabelleninhalte den Variationen einer Aufgabenstellung anzupassen, und Datenbereiche einer Tabelle bei Bedarf graphisch darzustellen. Bei der Einführung neuer Unterrichtsinhalte sind heuristische Betrachtungen möglich.

Rechenintensive Lösungen eines Problems lassen sich mit einer Tabellenkalkulation unter neuen Gesichtspunkten behandeln. Das vorliegende Buch bietet dazu eine Auswahl sowohl anwendungsbezogener als auch zentraler (klassischer) mathematischer Problemstellungen. Die Auswahl ist zwangsläufig unvollständig und kann für den Leser nur als Anregung verstanden werden, weitere geeignete Problemkreise zu finden. Die einzelnen Kapitel des Buches können unabhängig voneinander behandelt werden. Dort, wo aufeinanderfolgende Kapitel inhaltlich zusammenhängen, ist es jedoch sinnvoll, die angegebene Reihenfolge einzuhalten. Die Schülerinnen und Schüler können die Aufgaben selbständig bearbeiten, wenn die Thematik vorher im Unterricht behandelt oder im einführenden Beispiel eines Kapitels angesprochen wurde. Das Buch will kein Lehrbuch sein oder gar ein solches ersetzen. Auf die mathematischen Hintergründe der Probleme wird daher nur soweit eingegangen, wie es für das Verständnis des betrachteten Problems notwendig ist.

Bei der Aufbereitung der Probleme für eine Berechnung mit einer Tabelle wird eine systematische Vorgehensweise entwickelt und durchgängig eingehalten. Bei den Aufgaben werden auch Anregungen gegeben, wie Daten mit einem Tabellenkalkulationsprogramm visua lisiert und wie durch Experimente Vermutungen über mathematische Zusammenhänge gefunden werden können. Selbstverständlich ist ein numerisches Hilfsmittel dabei kein Ersatz für exakte mathematische Beweisführungen. Die ausgesprochenen mathematischen Vermutungen sollen im Anschluß an die heuristische Phase bewiesen werden.

Die Lösungsvorschläge machen nur von den einfachsten Möglichkeiten einer Tabellenkalkulation Gebrauch. Im Anhang sind die wichtigsten Funktionen von Tabellenkalkulationsprogrammen dargestellt. Das Buch hält sich an die Bezeichnungen von WORKS 2.0. Für graphische Darstellungen wurde zum Teil EXCEL verwendet. Die auf der Diskette gelieferten Lösungsvorschläge im WORKS 2.0-Format lassen sich problemlos mit anderen Tabellenkalkulationen sowohl in DOS- als auch in WINDOWS-Versionen ohne Konvertierungshilfen laden.

G. Dopfer, R. Reimer, Bruchsal und Ettlingen im November 1994

I Einführung

1 Problemlösen mit einer Tabellenkalkulation

Tabellenkalkulationsprogramme verschiedener Hersteller unterscheiden sich in der Darstellung der Tabellen, der Auswahlmöglichkeiten des Menüs und der Bezeichnung des Arbeitsfeldes. In diesem Abschnitt werden Grundlagen zum Verständnis der Wirkungsweise einer Tabellenkalkulation beschrieben. Ist man mit diesen Grundlagen vertraut und kennt man eine Möglichkeit der Umsetzung in einem Tabellenkalkulationsprogramm, so ist eine Übertragung auf andere Produkte einfach.

Arbeiten mit einer Tabellenkalkulation

Nach dem Starten des Tabellenkalkulationsprogramms wird in einem Anwendungsbereich des Bildschirmes das Menü mit seinen Auswahlmöglichkeiten dargestellt. Standardmäßig gehören dazu Optionen zur Verwaltung von Dateien, Operationen zur Bearbeitung von Zellen oder Tabellenbereichen sowie Formatierungs- und Kopiermöglichkeiten und vor allem die Möglichkeit, Daten ausgewählter Tabellenbereiche graphisch darzustellen.

Im Arbeitsfeld kann eine Tabelle bearbeitet werden. Das Arbeitsfeld ist unterteilt in Zeilen und Spalten. Die gemeinsame Angabe einer Zeile und Spalte bezeichnet (adressiert) eine Zelle. Tabellenkalkulationen verwenden zwei unterschiedliche Schreibweisen für Zellbezeichner.

Die numerische Schreibweise der Adressierung verwendet für Zeilen und Spalten ganze Zahlen; damit wird z. B. die Zelle in Zeile 3 und Spalte 4 mit Z3S4 bezeichnet.

Die alphanumerische Schreibweise der Adressierung verwendet für Spalten große Buchstaben des Alphabetes und für Zeilen natürliche Zahlen; damit wird z. B. die Zelle in Spalte 4 und Zeile 3 mit D3 bezeichnet. Im Gegensatz zur numerischen Adressierung wird hier zuerst die Spalte genannt.

Der Inhalt einer Zelle wird bestimmt durch eine Eingabe, mit der ein Text, eine Zahl oder eine Formel festgelegt wird. Die aktuelle Eingabe in eine Zelle wird dabei über eine Eingabezeile im Menü oberhalb des Arbeitsfeldes kontrolliert.

In der Regel beginnen Texte mit dem Zeichen " und Zahlen werden in dezimaler Schreibweise mit einem Komma eingegeben. Formeln beginnen mit dem Zeichen =. Sie werden zeilenorientiert eingegeben und verarbeiten Inhalte von Zellen, indem deren Zellbezeichner angegeben werden.

In der Bildschirmansicht einer Tabelle werden normalerweise die Auswertungen der Eingaben dargestellt. Dabei werden von Formeln nur die berechneten Ergebniswerte angezeigt. Zellen mit Formeln können deshalb nur in der Eingabezeile von Zahlen unterschieden und dort auch bearbeitet werden. Manche Tabellenkalkulationsprogramme ermöglichen jedoch das Umschalten in eine Darstellung, bei der anstelle der Werte die zugehörigen Formeln angezeigt werden.

Berechnungsprinzipien in Formeln

Zellen mit Text- oder Zahleinträgen sind statische Elemente einer Tabelle. Ihre Werte liegen mit dem Eintrag fest. Zahlen haben dabei den Charakter von Konstanten oder Parametern. Für eine Zelle mit Zahleintrag kann der Zellbezeichner auch durch einen selbstdefinierten Namen gekennzeichnet werden. Dieser Name steht dann in Formeln anstelle der Adresse.

In einer Zelle mit Formeleintrag ist der Wert als Funktionswert im Sinne der Verarbeitungsregel festgelegt. Bei jedem neuen Eintrag in die Tabelle werden alle Formelzellen neu berechnet. (Diese automatische Berechnung kann auch durch eine manuelle Berechnung ersetzt werden, die nur bei Bedarf zu aktivieren ist.)

Iterationen (Schleifen im programmiertechnischen Sinn) werden durch Wiederholungen gleicher Formeleinträge in aufeinanderfolgenden Zeilen oder Spalten realisiert. Die Gestaltung dieser - unter Umständen sehr langen - Tabellenbereiche wird durch Optionen des Menüs wie z. B. "Kopieren", "Unten ausfüllen" und "Rechts ausfüllen" vom Zeitaufwand her auf ein Minimum reduziert.

Unterschiedliche Adressierungsarten

In Formeln werden zur Bezeichnung von Zellinhalten zwei unterschiedliche Adressierungsarten verwendet.

Beim absoluten Zellbezug wird auf den Inhalt einer Zelle verwiesen, deren Position absolut festliegt. Zum Beispiel bezeichet Z3S4 (numerisch adressiert) bzw. D3 (alphanumerisch adressiert) den absoluten Bezug auf die Zelle in Zeile 3 Spalte 4 bzw. Spalte D, Zeile 3.

Beim relativen Zellbezug wird auf den Inhalt einer Zelle verwiesen, indem deren Position relativ zu der gerade aktuellen Zellenposition angegeben wird. Zum Beispiel bezeichnet Z(-3)S(+4) bei einer Tabelle mit numerischer Adressierung diejenige Zelle, deren Position gegenüber der aktuellen Zelle um 3 Zeilen nach links und vier Spalten nach oben versetzt ist. Bei einer alphanumerischen Adressierung ist eine relative Adressierungsart nur im Kontext der gerade aktuellen Zelle möglich. Ist zum Beispiel die aktuelle Position bei D5, so bedeutet dort die Angabe A1 in einer Formel den relativen Bezug auf die Zelle A1 (ist also gleichwertig mit Z(-4)S(-3)).

Bei Kopier- und Ausfüll-Operationen bleiben beide Adressierungsarten erhalten. Ein absoluter Zellbezug auf eine feste Zelle bleibt bestehen, während ein relativer Bezug relativ auf die neue Position umgerechnet wird.

Vom Problem zur Tabelle
Bei der Beschreibung des Lösungsweges der behandelten Aufgaben wird durchgängig eine einheitliche Vorgehensweise verwendet, deren Aufbau nachfolgend kurz beschrieben ist.

- Problembeschreibung als Aufgabe
- Beschreibung des Lösungsweges als Verfahren für eine Tabelle.
  Die Verarbeitungsregeln verwenden für relative Bezüge die numerische Adressierung, weil diese Adressierungsart Wiederholungen gleicher Verarbeitungsvorschriften durch identische Formeln beschreibt.
- Realisierung der Lösung in einer Tabelle,
  In Formeln wird hier die alphanumerische Schreibweise angegeben, da diese in praktischen Anwendungen häufiger verwendet wird.
- Tabellarische und graphische Darstellung der Ergebnisse
- Bemerkungen und Aufgaben sind dazu gedacht, den behandelten Inhalt zu vertiefen und zum Entdecken anzuregen.

Im nachfolgenden Kapitel "Wertetabellen und Schaubilder von Funktionen" sind die eben genannten Schritte ausführlich beschrieben. Dort werden zusätzlich Hinweise zu einer effizienten Gestaltung von Tabellen gegeben. Die nachfolgenden Kapitel enthalten solch praktische Hinweise nicht mehr.

2 Wertetabellen und Schaubilder von Funktionen

Für eine lineare Funktion mit der (allgemeinen) Zuordnungsvorschrift $x \rightarrow m\,x + c$ soll für vorgegebene Werte von m und c in einem festgelegten Bereich $x_a \leq x \leq x_e$ die Wertetabelle berechnet und das zugehörige Schaubild erstellt werden.

Bei der Lösung ohne Verwendung einer Tabellenkalkulation wird eine zugehörige Wertetabelle erstellt.

In allgemeiner Form läßt sich dafür folgende Beschreibung angeben:

x-Werte	y-Werte
$x_0 = x_a$	$m^*x_0 + c$
$x_1 = x_0 + s$	$m^*x_1 + c$
$x_2 = x_1 + s$	$m^*x_2 + c$
...	
$x_n = x_e$	$m^*x_n + c.$

Fig. 1

Die konkreten Werte werden im Kopf oder mit dem Taschenrechner berechnet. Anschließend werden die Wertepaare in ein Schaubild übertragen. Sind mehrere Funktionen zu betrachten, muß für jede Wahl von m und c jeweils eine neue Tabelle angelegt und ein Schaubild gezeichnet werden.

Bei Verwendung einer Tabellenkalkulation kann das spezielle Problem unter Verwendung von Parametern in einer Tabelle allgemein beschrieben werden, um anschließend durch eine Variation der Parameter eine beliebige lineare Funktion in einem vorgegebenen Bereich darzustellen. Nachfolgend werden die Entwicklungsschritte bis zur Erstellung der Tabelle beschrieben.

Zur Festlegung der Größen und Beschreibung der Verarbeitung wird in diesem Buch eine formalisierte Beschreibung eingeführt. Sie ist so gewählt, daß mathematische Denkweisen möglichst analog zu beschreiben sind. Obwohl die verwendete Syntax in manchen Tabellenkalkulationsprogrammen direkt benutzt werden kann, darf diese Beschreibung nicht mit der Endform der Tabelle gleichgesetzt werden, denn dort werden noch weitere Dinge wie z.B. Überschriften, Kommentare und andere Dokumentationsmöglichkeiten berücksichtigt. Die Entwurfssprache wird in diesem Beispiel ausführlich vorgestellt und anschließend bei der Lösung der folgenden Aufgabenstellungen verwendet.

Eingabegrößen (Konstanten) für unser Problem der Wertetabelle einer linearen Funktion sind der Anfangswert xa, der Endwert xe, der Achsenabschnitt c sowie die Schrittweite s und die Steigung m.

Aus der allgemeinen Darstellung der Wertetabelle lassen sich folgende Berechnungsprinzipien ableiten:
- Die Werte der x-Spalte beginnen mit dem Wert von xa. Der Wert der nächsten Zeile berechnet sich aus dem Wert der darüberliegenden Zeile (in der gleichen Spalte), vermehrt um s. Die Länge der Spalte (Anzahl der benötigten Zeilen) ist durch den Wert von s und xe bestimmt.
- Die Werte der y-Spalte werden einheitlich nach dem Prinzip $x \rightarrow m*x + c$ berechnet. Dabei ist der verwendete x-Wert jeweils in der danebenstehenden Spalte in der gleichen Zeile zu finden.

Mit den Konstanten

xa für den Anfangswert,
s für die Schrittweite,
xe für den Endwert,
m für die Steigung und
c für den Achsenabschnitt

ist das Verfahren für eine Wertetabelle in Fig. 2 dargestellt.

	x-Werte:	y-Werte:	
1.Zeile	xa	m * ZS(-1) + c	Jeder y-Wert
2. Zeile	Z(-1)S+s	m * ZS(-1) + c	wird mit der
usw.	...	...	gleichen Vor-
bis zum Wert xe	Z(-1)S + s	m * ZS(-1) + c	schrift berechnet.

Fig. 2

Bei der Übertragung der Größen und Verarbeitungsvorschriften in das Arbeitsfeld einer Tabellenkalkulation wird auch auf die Gestaltung der Tabelle geachtet. Eine Überschrift und Kommentare an geeigneten Stellen dokumentieren die Lösung. Eingabe- und Ausgabegrößen werden bezeichnet. Das Ergebnis ist in Fig. 3 dargestellt.

	A	B	C	D	E
1	Wertetabelle einer linearen Funktion x -> m * x + c				
2					
3	Wertetabelle			Parameter	
4	x	y		der Funktion	
5				Steigung m	<Eingabe m>
6	=xa	=m*A6+c		Achsenabschnitt c	<Eingabe c>
7	=A6+s	=m*A7+c		des Intervalls	
8	=A7+s	=m*A8+c		Anfangswert xa	<Eingabe xa>
9	=A8+s	=m*A9+c		Endwert xe	<Eingabe xe>
10	=A9+s	=m*A10+c		Schrittweite s	<Eingabe s>
11	=A10+s	=m*A11+c			
12	=A11+s	=m*A12+c			
...	↓	↓			
18	=A17+s	=m*A14+c			

Fig. 3

Der Pfeil ↓ deutet an, daß die Tabelle hier mit der Option "Unten ausfüllen" ohne zusätzliche Eingaben vollständig bis zum Ende gestaltet werden kann. Nachfolgend werden die Tätigkeiten beschrieben, die zur Erstellung der Tabelle in Fig. 3 erforderlich sind.

Überschrift und Aufteilung des Arbeitsfeldes festlegen

Hier wird das Arbeitsfeld geeignet eingeteilt. Die Spalten D und E sind für die Eingabegrößen vorgesehen, die Wertetabelle wird spaltenorientiert in den Spalten A und B angelegt. Die Überschrift wird in Zelle A1 als Text eingetragen.

Eingabegrößen bezeichnen und belegen

In Spalte D werden die Bezeichner der Parameter eingegeben und in Spalte E die zugehörigen Werte. Z.B. steht in Zelle D8 der die Größe bezeichnende Text "Anfangswert xa" und in Zelle E8 der zugehörige Wert von xa. Gleiches gilt für die anderen Größen. (Für unser Beispiel gilt: m = 1,5 und c = -2, xa = 0, xe = 6, s = 0,5.)
Damit in den Formeln die mathematischen Bezeichner anstelle der Adressen aufgeführt werden, müssen die Eingabefelder mit Namen belegt werden: Es erhalten die Zelle E5 den Namen m, Zelle E6 den Namen c, Zelle E8 den Namen xa und Zelle E10 den Namen s.

Gestaltung der Kopfzeilen der Wertetabelle

Der Kopf der Wertetabelle wird im Tabellenbereich A4 bis B4 gestaltet.

Eintragung des Berechnungsprinzips in der Spalte der x-Werte
Das Berechnungsprinzip der Spalte der x-Werte füllt den Bereich A7:A18. (Tabellenbereiche werden durch die erste und letzte Zelle, getrennt durch ":" angegeben.)

Zur Eingabe stehen zeitsparende Menüoptionen zur Verfügung:
a) Eintrag der Formel =xa in Zelle A6
b) Der Eintrag des Berechnungsprinzips des Spaltenbereiches A7:A18 läßt sich durch eine Ausfülloperation beschleunigen. Zuerst wird in Zelle A7 die Formel =A6+s eingetragen. Dann wird der Bereich A7:A18 als Block markiert und anschließend die Option "unten ausfüllen" gewählt. Dabei wird der relative Bezug A7 in der Formel in jeder neuen Zeile umgerechnet (siehe Spalte A in Fig. 3.).

Eintragung des Berechnungsprinzips in der Spalte der y-Werte
Analog zur Spalte der x-Werte wird mit dem Spaltenbereich B6:B18 der y-Werte verfahren, indem anfangs in Zelle B6 die Formel =m*A6+c eingetragen wird. Dann wird der Bereich B6:B18 markiert und die Option "unten ausfüllen" aktiviert.

Ablesen der Werte in der Tabelle
Direkt nach Ausführung der letztgenannten Tätigkeit kann die Wertetabelle abgelesen werden. Eine Änderung der Parameterwerte in der Eingabespalte E bewirkt eine Neuberechnung der Wertetabelle. In Fig. 4 ist die Bildschirmansicht der Tabelle dargestellt, bei der anstelle der Formeln die berechneten Werte angezeigt sind.

	A	B	C	D	E
1	Wertetabelle einer linearen Funktion x -> m * x + c				
2					
3	Wertetabelle			Parameter	
4	x	y		Funktion	
5				Steigung m	1,50
6	0,00	-2,00		Achsenabschnitt c	-2,00
7	0,50	-1,25		Intervall	
8	1,00	-0,50		Anfangswert xa	0,00
9	1,50	0,25		Endwert xe	6,00
10	2,00	1,00		Schrittweite s	0,50
...	...	...			
18	6,00	7,00			

Fig. 4

Darstellung des Schaubildes
Markierte Tabellenbereiche können in einem Schaubild graphisch dargestellt werden. In der Regel wird dazu ein Datenbereich (B6:B18) als Block markiert und im Menü die graphische Darstellungsart aktiviert. Ab hier unterscheiden sich Tabellenkalkulationsprogramme. Der Leser muß sich bei dem von ihm verwendeten Programm über die Möglichkeiten der graphischen Gestaltung informieren. Ein mögliches Ergebnis zeigt Fig. 5.

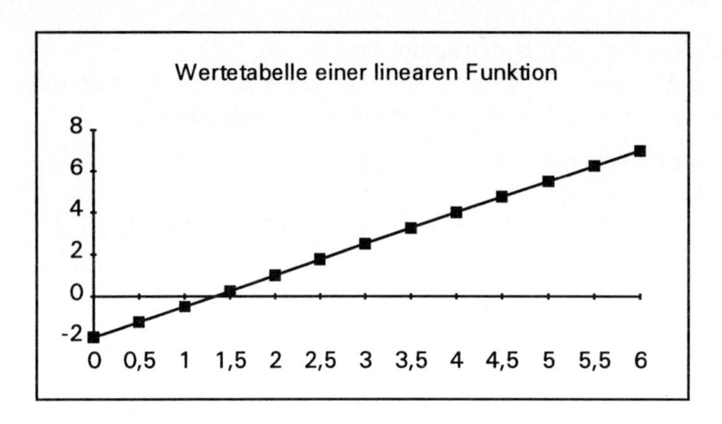

Fig. 5

In den folgenden Kapiteln wird auf die Wertedarstellung verzichtet, wenn dafür eine graphische Darstellung die Lösung besser beschreibt.

Bemerkungen und Aufgaben

1. a) Erstelle die Tabelle und das Diagramm wie in Fig. 3 bis 5 angegeben.
   b) Variiere die Eingaben für die Parameter m und c und beobachte dabei die Tabelle und das Schaubild.

2. Wertetabellen und Schaubilder können auch zum Vergleich verschiedener Funktionen oder Funktionenscharen mit einem gemeinsamen Definitionsbereich verwendet werden. Die Tabelle in Fig. 6 zeigt eine für solche Probleme günstige Gestaltung.

	A	C	D	E
1				
2	Parameter			
3	Anfangswert xa	<Eingabe xa>		
4	Endwert xe	<Eingabe xe>		
5	Schrittweite s	<Eingabe s>		
6	Steigung m	<Eingabe m1>	<Eingabe m2>	<Eingabe m3>
7	Abschnitt c	<Eingabe c1>	<Eingabe c2>	<Eingabe c3>
8				
9	x-Werte	y1-Werte	y2-Werte	y3-Werte
10	xa	=m1 *ZS(-1)+c1	=m2 *ZS(-2)+c2	=m3 *ZS(-3)+c3
11	Z(-1)S + s	=m1 *ZS(-1)+c1	=m2 *ZS(-2)+c2	=m3 *ZS(-3)+c3
...	↓	↓	↓	↓

Fig. 2.6

Erstelle in einer Tabelle nach Fig. 6 eine Wertetafel für die linearen Funktionen der Form $x \rightarrow y = mx+c$ mit m1 = 0,5, c1 = 2, m2 = 1, c2 = 1, m3 = 1,5, c3 = 0 und m4 = 2, c4 = -2 für xa = 0, xe = 8 mit Schrittweite s = 1.

II Berechnung von Größen

3 Der größte gemeinsame Teiler

Der größte gemeinsame Teiler zweier natürlicher Zahlen *a* und *b* läßt sich durch ein Verfahren berechnen, das nach Euklid (ca. 365 - 300 v. Chr.) benannt ist. Es beruht auf der wiederholten Anwendung folgender Teilbarkeitsregel:

Ist *t* ein gemeinsamer Teiler von *a* und *b* und *a* größer als *b*,
so ist *t* auch Teiler von *a* - *b* und *b*.

In einer Tabelle (Fig. 1) veranschaulichen wir uns das daraus abgeleitete Differenzenverfahren. Für $a = 121$ und $b = 33$ ergibt sich:

größere Zahl *a*	kleinere Zahl *b*	$d = a - b$
121	33	88
88	33	55
55	33	22
33	22	11
22	11	11
11	11	0

(*)

Fig. 1

Die Tabelle (Fig. 1) wird solange ausgefüllt, bis in einer Zeile der Spalten *a* und *b* erstmals derselbe Wert auftritt. Dieser Wert ist der gesuchte *ggT* von *a* und *b*. Führt man formal weitere Berechnungsschritte durch, so steht der *ggT* in den nachfolgenden Zeilen gleichzeitig in den Spalten von *a* und *d*.

Mit den Konstanten

a und b für natürliche Zahlen

ist das Verfahren in Fig. 2 dargestellt.

		Differenz
Größere Zahl von a und b	Kleinere Zahl von a und b	ZS(-2)-ZS(-1)
Größere der beiden Zahlen in Z(-1)S(+1) und Z(-1)S(+2)	Kleinere der beiden Zahlen in Z(-1)S und Z(-1)S(+1)	ZS(-2)-ZS(-1)
↓	↓	↓

Fig. 2

Fig. 3 zeigt die Gestaltung einer entsprechenden Tabelle. In Fig. 4 ist das Ergebnis für die Parameterwerte a = 128 und b = 40 dargestellt.

	A	B	C
1	Der ggT zweier natürlicher Zahlen nach dem Euklidschen Algorithmus		
2	(Subtraktionsform)		
3	Parameter:		
4	a	<Eingabe a>	a > b
5	b	<Eingabe b>	
6			
7	Minuend	Subtrahend	Differenz
8	=a	=b	=A8-B8
9	=MAX(B8:C8)	=MIN(B8:C8)	=A9-B9
10	=MAX(B9:C9)	=MIN(B9:C9)	=A10-B10
...	↓	↓	↓

Fig. 3

	A	B	C	D	E
1	Der ggT zweier natürlicher Zahlen nach dem Euklidschen Algorithmus				
2	(Subtraktionsform)				
3	Parameter				
4	a	128	a > b		
5	b	40			
6					
7	Minuend	Subtrahend	Differenz		
8	128	40	88		
9	88	40	48		
10	48	40	8		
11	40	8	32		
12	32	8	24		
13	24	8	16		
14	16	8	8		
15	8	8	0	⇦ ggT(a, b) in Spalte A und B	
16	8	0	8		
17	8	0	8		
18	8	0	8		

Fig. 4

Bemerkungen und Aufgaben

1. Erstelle die Tabelle nach Fig. 3 und berechne mit ihr den *ggT*.
   a) 5925; 625 b) 2569; 169 c) 276; 782 d) 15375; 2875 e) 315; 8638

2. In der Tabelle Fig. 1 ist in der mit (*) markierten Zeile eine allgemeine Eigenschaft des Euklidschen Algorithmus zu erkennen. Ist die Differenz d kleiner als die Zahl in Spalte

b, so stellt sie den ganzzahligen Rest a MOD b der Division von a durch b dar. Dies gilt in den folgenden Zeilen wieder entsprechend für die beiden "Startzahlen" der auf Zeile (*) folgenden Zeile. Damit kann eine Divisionsform des Euklidschen Algorithmus formuliert werden, bei der weniger Berechnungsschritte erforderlich sind. Dabei wird die ganzzahlige Division (a DIV b) und die Restbildung (a MOD b) verwendet.

Das Verfahren ist für das Beispiel aus Fig. 1 dargestellt:

a	b	$a = (a \text{ DIV } b) \cdot b + r$, mit	$r = a \text{ MOD } b$
121	33	$121 = (121 \text{ DIV } 33) \cdot 33 + 22$	22
33	22	$33 \ = (33 \text{ DIV } 22) \cdot 22 + 11$	11
22	11	$22 \ = (22 \text{ DIV } 11) \cdot 11 + 0$	0

Hat Rest r erstmals den Wert 0, ist der vorherige Rest (hier 11) der gesuchte größte gemeinsame Teiler von a und b.

Übertrage die Divisionsform in eine Tabelle und teste die Beispiele aus Aufgabe 1.
Hinweis: Stelle die Operationen DIV und MOD durch geeignete Funktionen der Tabellenkalkulation dar.

3. Der Zusammenhang zwischen dem *ggT* und dem *kgV* (kleinstes gemeinsames Vielfaches) zweier Zahlen a und b ist wird durch die Gleichung
$a\ b = ggT(a, b)\ kgV(a, b)$ beschrieben. Erweitere die Tabelle in Fig. 3 so, daß zum *ggT* auch das *kgV* angegeben wird. Bestimme den *ggT* und das *kgV* von

   a) 7; 3 b) 625; 50 c) 101; 11 d) 169; 1377 e) 2769; 179.

4 Das Heron -Verfahren

Nach Heron aus Alexandria (ca. 75 v. Chr.) ist ein Verfahren zur näherungsweisen Berechnung von Wurzeln benannt. Am Beispiel von $\sqrt{2}$ wird dieses Verfahren erklärt.

Für eine beliebige positive Zahl w sind im Vergleich mit $\sqrt{2}$ drei Fälle möglich:

1. $w = \sqrt{2}$, dann ist $2/w = \sqrt{2}$,
2. $w > \sqrt{2}$, dann ist $2/w < \sqrt{2}$,
3. $w < \sqrt{2}$, dann ist $2/w > \sqrt{2}$.

w = √2 = 2/w

2/w √2 w

w √2 2/w

Fig.1

Fig. 1 stellt die 3 Fälle graphisch dar. Im Fall 1 sind die Werte von w und $2/w$ gleich $\sqrt{2}$. Dann ist die Aufgabe gelöst. In den Fällen 2 und 3 liegen w und $2/w$ auf verschiedenen Seiten von $\sqrt{2}$. Das arithmetische Mittel $w_{neu} = (w + 2/w)/2$ liegt zwischen w und $2/w$. Es ist deshalb eine bessere Näherung für $\sqrt{2}$. Eine Wiederholung der Berechnung mit w_{neu} anstelle von *w* ergibt eine noch genauere Näherung der gesuchten Wurzel.

Beim HERON-Verfahren wird die oben beschriebene Rechnung so lange wiederholt, bis eine gewünschte Genauigkeit erreicht ist. In Fig. 2 ist links der Anfang einer schrittweisen Berechnung dargestellt. Begonnen wird mit 2, dem Wert des Radikanten. Im rechten Teil ist das Berechnungsverfahren in einer Tabelle dargestellt.

n	w(n)
1	2
1	1.5
2	2.25
...	...

n	w(n)
1	2
Z(-1)S+1	(Z(-1)S + 2/Z(-1)S)/2
Z(-1)S+1	(Z(-1)S + 2/Z(-1)S)/2
↓	↓

Fig. 2

In Fig. 3 ist die Gestaltung einer Tabelle dargestellt.

	A	B	C
1	Heron-Verfahren zur Näherung von Wurzel aus 2		
2			
3	n	w(n)	w(n)*w(n)
4	1	2	=B3^2
5	=A4+1	=0,5*(B4+Start/B4)	=B4^2
6	=A5+1	=0,5*(B5+Start/B5)	=B5^2
...	↓	↓	↓

Fig. 3

In Fig 4 das Ergebnis für die ersten Berechnungsschritte wiedergegeben.
In Spalte C ist zur Kontrolle das Quadrat der Werte *w*(*n*) berechnet.

	A	B	C
1	Heron-Verfahren zur Näherung von Wurzel aus 2		
2			
3	n	w(n)	w(n)*w(n)
4	1	2,0000000	4,0000000
5	2	1,5000000	2,2500000
6	3	1,4166667	2,0069444
7	4	1,4142157	2,0000060
8	5	1,4142136	2,0000000
...	↓	↓	↓

Fig. 4

Bemerkungen und Aufgaben

1. Der Beginn einer Dezimalentwicklung für $\sqrt{2}$ lautet 1,414213562373...
   a) Erstelle die Tabelle nach Fig. 3 und beschreibe das Verhalten der Dezimalen nach dem Komma. Wiederhole die Berechnung jeweils so lange, bis in der Spalte w(n) keine Verbesserung mehr auftritt und vergleiche das Endergebnis mit der angegebenen Dezimalentwicklung.
   b) Erweitere die Tabelle in Fig. 3 so, daß mit verschiedenen Startwerten begonnen werden kann. (Führe dazu einen Parameter "Start" ein.)

2. Erstelle eine Tabelle zur Berechnung von $\sqrt{3}$ nach dem Heron-Verfahren.

3. Erweitere die Tabelle in Fig. 3 durch Einführung eines Parameters a so, daß $\sqrt{a}$ für eine beliebige positive Zahl a näherungsweise berechnet wird.
   Als Startwert soll $a/2$ gewählt werden (allgemeines Heron-Verfahren).
   Berechne damit die Wurzeln aus 1024, 1994 und 13008 so genau wie möglich.

4. Zwei aufeinanderfolgende Werte des allgemeinen Heron-Verfahrens bilden eine Intervallschachtelung für $\sqrt{a}$. Deshalb ist die Differenz zweier aufeinanderfolgender Iterationen eine Abschätzung für die Genauigkeit der Näherung.
   Erweitere die Tabelle aus Aufgabe 3 so, daß bei jedem Schritt der maximale Fehler abzulesen ist, und stelle die Näherungen graphisch dar. (Benütze den Parameter *a*.)

5. Eine Dezimalschachtelung für $\sqrt{a}$ sei gegeben durch eine Folge von Intervallen $[w_{il}, w_{ir}]$, bei denen für $i = 0, 1, 2, 3, \ldots$ die Differenzen der Intervallgrenzen die Gleichung $w_{ir} - w_{il} \leq 10^{-i}$ erfüllen und zusätzlich die Abschätzung $w_{il}^2 \leq a \leq w_{ir}^2$ gilt.
   Für den Anfang der Tabelle einer Dezimalschachtelung von $\sqrt{2}$ gilt:

i	w_{il}	w_{ir}	w_{il}^2	w_{ir}^2
0	1	2	1	4
1	1,4	1,5	1,96	2,25
2	1,41	1,42	1,9881	2,0164
3	1,414	1,415	1,99939	2,00225
...	...	...	...	...

   a) Gestalte nach diesem Vorbild eine Tabelle und bestimme durch systematisches Probieren Dezimalschachtelungen der Wurzeln aus 789, 1056, 30300 und 99999 bis zu einer Genauigkeit von 4 Dezimalen. (Führe einen Parameter für den Radikanden ein.)
   b) Ändere die Tabelle so ab, daß die 3. Wurzel angenähert werden kann.
   Bestimme $\sqrt[3]{5}$ und $\sqrt[3]{10}$ auf 3 Dezimalen genau.

5 Die Kreiszahl π

Die Kreiszahl π als Verhältnis des Umfangs zum Durchmesser eines Kreises hat viele frühen Kulturvölker beschäftigt. Die Babylonier verwendeten die Zahl 3, die Ägypter die Zahl $(16/9)^2$, Archimedes berechnete mit dem ein- und umbeschriebenen regelmäßigen 96-Eck eines Kreises die Einschließung $3\frac{10}{71} < \pi < 3\frac{1}{7}$.

F. Lindemann hat 1882 bewiesen, daß π keine rationale Zahl ist und deshalb nur näherungsweise als Dezimalzahl berechnet werden kann. Dank elektronischer Rechner sind heute viele Stellen der Dezimalentwicklung von π bekannt.

Das nach Archimedes (287-212 v. Chr.) benannte Verfahren erzeugt eine Intervallschachtelung für π. Dazu werden einem Kreis mit Radius r und Umfang u zwei regelmäßige Vielecke mit gleicher Eckenzahl n ein- bzw. umbeschrieben. (In Fig. 1 ist $n = 4$.)

Ist u_n der Umfang des einbeschriebenen und U_n der Umfang des umbeschriebenen Vielecks, so gilt die Abschätzung

$$u_n < u < U_n.$$

Durch Halbierung der Innenwinkel bzw deSeiten kann aus dem einbeschriebenen n-Eck ein einbeschriebenes $2n$-Eck und ebenso ein umbeschriebenes $2n$-Eck konstruiert werden.
Für die zugehörigen Umfänge u_{2n} und U_{2n} gilt dann

$$u_n < u_{2n} < \mathrm{u} < U_{2n} < U_n.$$

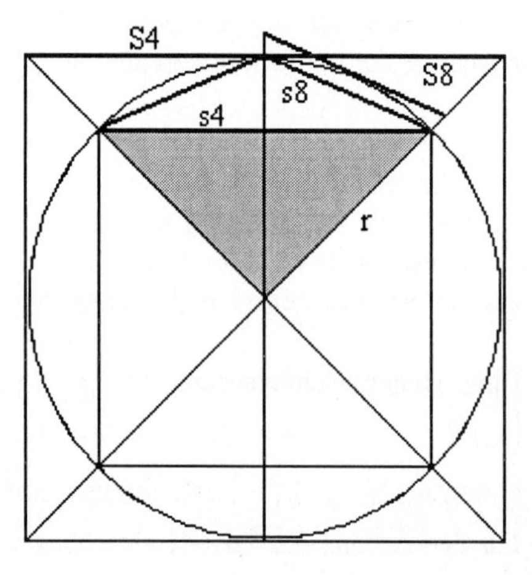

Fig. 1

Mit den Strahlensätzen und dem Satz von Pythagoras lassen sich die Seitenlängen s_{2n} und S_{2n} der ein- und umbeschriebenen $2n$-Ecke allein aus der Seitenlänge s_n des einbeschriebenen n-Ecks berechnen.
Es gelten die Formeln:

$$s_{2n} = r\sqrt{2 - 2\sqrt{1 - (\frac{s_n}{2r})^2}} \quad (1)$$

und

$$S_{2n} = \frac{2rs_{2n}}{\sqrt{4r^2 - s_{2n}^2}} \quad (2)$$

Die Umfänge der einbeschriebenen Vielecke nähern bei fortgesetzter Halbierung der Seiten den exakten Umfang u des Kreises von unten her monoton wachsend an, während die umbeschriebenen Vielecke dies von oben her monoton fallend tun. Die Werte $u_n/(2r)$ und $U_n/(2r)$ verbessern dabei die untere und obere Grenze einer Näherung für π.

Mit der Konstanten

r für den Kreisradius

ergibt sich - ausgehend vom ein- und umbeschriebenen regelmäßigen Viereck - das Verfahren in Fig. 2.

n	sn	un	un/2*r	Un/2*r	Sn	Un
4	(Ausdruck 1a)	(Ausdruck 2)	(Ausdruck 3)	(Ausdruck 4)	2r	(Ausdruck 6)
2*Z(-1)S	(Ausdruck 1b)	(Ausdruck 2)	(Ausdruck 3)	(Ausdruck 4)	(Ausdruck 5)	(Ausdruck 6)
↓	↓	↓	↓	↓	↓	↓

Hierbei sind zu ersetzen
(Ausdruck 1a) durch: r*WURZEL(2),
(Ausdruck 1b) durch: r*WURZEL(2-2*WURZEL(1-(Z(-1)S/(2*r))^2)),
(Ausdruck 2) durch: ZS(-2)*ZS(-1),
(Ausdruck 3) durch: ZS(-1)/(2*r),
(Ausdruck 4) durch: ZS(+2)/(2*r),
(Ausdruck 5) durch: 2*r*ZS(-4)/WURZEL(4*r^2-ZS(-4)^2),
(Ausdruck 6) durch: ZS(-6)*ZS(-1).

Fig. 2

In der ersten Spalte wird die Eckenzahl verdoppelt. Die Inhalte der anderen Spalten werden durch die Spaltenüberschriften erklärt.

In Fig. 3 ist die Gestaltung einer Tabelle dargestellt.

	A	B	C	D	E	F	G
1	Berechnung von Pi über regelmäßige Vielecke						
2	sn = Seite des einbeschriebenen Vielecks						
3	Sn = Seite des umbeschriebenen Vielecks						
4	s2n = r*wu(2-2*Wu(1-(sn/2r)^2))						
5	S2n = 2*r*sn/Wu(4*r^2-sn^2)						
6	Parameter						
7	r	<Eingabe r>					
10							
11	n	sn	un	un/2*r	Un/2*r	Sn	Un
12	4	=r*WURZEL(2)	=A12*B12	=C12/(2*r)	=G12/(2*r)	=2*r	=A12*F12
13	=2*A12	<Formel 1>	=A13*B13	=C13/(2*r)	=G13/(2*r)	<Formel 2>	=A13*F13
...	↓	↓	↓	↓	↓	↓	↓

Formelfelder mit Einträgen der Form <...> sind wie folgt zu ersetzen:
<Formel 1>: =r*WURZEL(2-2*WURZEL(1-(B12/(2*r))^2))
<Formel 2>: =2*r*B13/WURZEL(4*r^2-B13^2)

Fig. 3

Fig. 4 zeigt einen Ausschnitt der Werte der Tabelle für die Vierecksfolge $n = 4, 8, 16, \ldots,$ 16348.

	A	B	C	D	E	F	G
1	Berechnung von Pi über einbeschriebene regelmäßige Vielecke						
2	sn = Seite des einbeschriebenen Vielecks						
3	Sn = Seite des umbeschriebenen Vielecks						
4	s2n = r*wu(2-2*Wu(1-(sn/2r)^2))						
5	S2n = 2*r*sn/Wu(4*r^2-sn^2)						
6	Parameter						
7	r	4					
8							
9	n	sn	un	un/2*r	Un/2*r	Sn	Un
10	4	5,6568542	22,6274170	2,8284271	4	8	32
11	8	3,0614675	24,4917397	3,0614675	3,3137085	3,3137085	26,5096680
12	16	1,5607226	24,9715612	3,1214452	3,1825979	1,5912989	25,4607830
13	...	...	...	...	...	...	...
14	4096	0,0061359	25,1327388	3,1415923	3,1415933	0,0061359	25,1327462
15	8192	0,0030680	25,1327406	3,1415926	3,1415928	0,0030680	25,1327425
16	16384	0,0015340	25,1327411	3,1415926	3,1415927	0,0015340	25,1327415
...	↓	↓	↓	↓	↓	↓	↓

Fig. 4

Bemerkungen und Aufgaben

1. a) Teste die Tabelle in Fig. 3 mit verschiedenen Werten für den Radius r und vergleiche die Näherungen mit dem Anfang der Dezimalentwicklung von $\pi = 3{,}14159265358973238$.
   Die Formel (1) ist für größere n zur Berechnung ungeeignet, da der Wert der Seitenlänge s_n gegen Null geht. Ab einer gewissen Eckenzahl können die Werte wieder ungenauer werden.

   b) Eine Erweiterung von Formel (1) mit $\sqrt{2+2\sqrt{1-(\frac{s_n}{2r})^2}}$ ergibt eine für die Berechnungen günstigere Formel $s_{2n} = \frac{s_n}{\sqrt{2+2\sqrt{1-(\frac{s_n}{2r})^2}}}$.
   Ändere die Tabelle aus Fig. 3 entsprechend ab.

2. Ändere die Tabelle in Fig. 3 so ab, daß das Verfahren mit dem ein- und umbeschriebenen regelmäßigen Dreieck (n = 3) beginnt.

3. Gregory (1638-1675) hat für die Umfänge ein- und umbeschriebener n-Ecke die Beziehungen $U_{2n} = \frac{2u_n U_n}{u_n + U_n}$ und $u_{2n} = \sqrt{u_n U_{2n}}$ hergeleitet. Benütze diese Beziehung zur Berechnung eines Näherungswertes für π. (Beginne mit $n = 4$.)

4. Es gibt viele Formeln, die Eigenschaften von π beschreiben. Benütze die folgenden Beziehungen, um in einer Tabelle jeweils einen Näherungswert von π zu berechnen. Stelle die zugehörigen Verfahren in derselben Tabelle dar und vergleiche.

   a) Vieta (1540-1603) fand den ersten Ausdruck zur Darstellung von π als unendliches Produkt:

   $$\frac{\pi}{2} = \frac{2}{\sqrt{2}} \cdot \frac{2}{\sqrt{2+\sqrt{2}}} \cdot \frac{2}{\sqrt{2+\sqrt{2+\sqrt{2}}}} \cdot \ldots$$

   b) Wallis (1616-1703) definiert π als unendliches Produkt

   $$\pi = 4 \cdot \frac{8}{9} \cdot \frac{24}{25} \cdot \frac{48}{49} \cdot \frac{80}{81} \ldots$$

   c) Leibniz (1646-1716) hat die Reihe

   $$\pi = 4(1 - \frac{1}{3} + \frac{1}{5} - \frac{1}{7} + \frac{1}{9} - \frac{1}{11} + \frac{1}{13} - \ldots)$$ angegeben.

   d) Euler (1707-83) leitete die Beziehung

   $$\frac{\pi^2}{6} = 1 + \frac{1}{2^2} - \frac{1}{3^2} + \frac{1}{4^2} - \frac{1}{5^2} + \frac{1}{6^2} - \ldots$$ her.

III Wachstumsvorgänge

6 Verzinsung bei jährlichem Zinszuschlag

Bei einem Zinssatz von $p\%$ bringt ein Kapital K_0 im ersten Jahr die Zinsen

$$Z_1 = K_0 \cdot p/100.$$

Am Ende des Jahres ist das Kapital K_0 zusammen mit den Zinsen Z_1 angewachsen auf

$$K_1 = K_0 + Z_1 = K_0 + K_0 \cdot p/100 = K_0 \cdot (1 + p/100).$$

Dieses Kapital K_1 bringt im darauffolgenden Jahr die Zinsen $Z_2 = K_1 \cdot p/100$, so daß am Ende des zweiten Jahres das Kapital mit den Zinsen Z_2 angewachsen ist auf

$$K_2 = K_1 + Z_2 = K_1 + K_1 \cdot p/100 = K_1 \cdot (1 + p/100) = K_0 \cdot (1 + p/100)^2.$$

Nach drei Jahren gilt

$$K_3 = K_2 + K_2 \cdot p/100 = K_2 \cdot (1 + p/100) = K_0 \cdot (1 + p/100)^3.$$

Allgemein ist das Kapital nach n Jahren angewachsen auf

$$K_n = K_{n-1} + K_{n-1} \cdot p/100 = K_{n-1} \cdot (1 + p/100) = K_0 \cdot (1 + p/100)^n. \qquad (*)$$

Mit den Konstanten

p für den Zinssatz und
K0 für das Anfangskapital

läßt sich das obige Verfahren der jährlichen Berechnung des Kapitals in einer Tabelle (Fig. 1) darstellen. In Fig. 2 ist die Gestaltung einer solchen Tabelle wiedergegeben.

Jahr	Kn
0	K0
Z(-1)S+1	Z(-1)S+Z(-1)S*p/100
Z(-1)S+1	Z(-1)S+Z(-1)S*p/100
↓	↓

Fig. 1

	A	B
1	Jährlicher Zinszuschlag	
2	Parameter	
3	K0	<Eingabe K0>
4	p	<Eingabe p>
5		
6	Jahr	Kn
7	0	=K0
8	=A7+1	=B7+B7*p/100
9	=A8+1	=B8+B8*p/100
↓	↓	↓

Fig. 2

Das Diagramm in Fig. 3 zeigt die Entwicklung des Kapitals (Daten der Spalte B) für die Parameterwerte K0 = 200, p = 6,5.

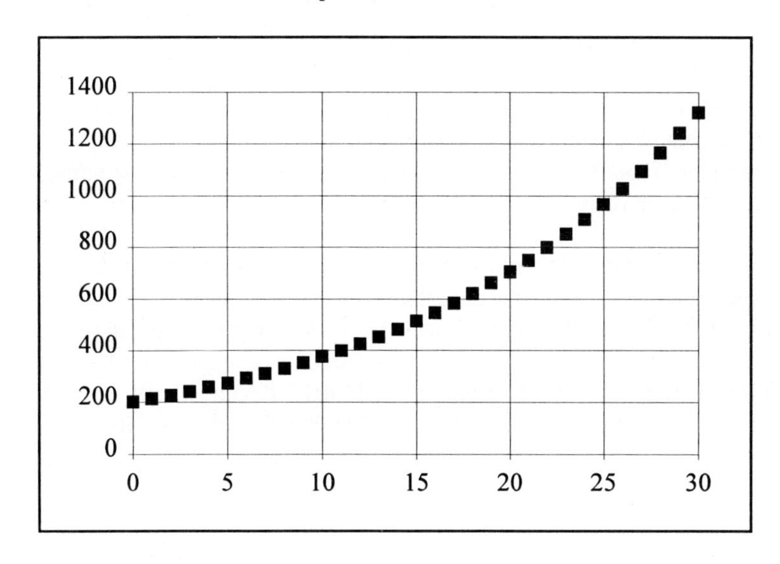

Fig. 3

Bemerkungen und Aufgaben

1. Das Kapital wächst nicht linear sondern exponentiell (Fig. 3). Dieses Verhalten ist unabhängig vom Zinssatz p und vom Anfangskapital K_0. Durch die Wahl verschiedener Parameterwerte für p und K_0 läßt sich dies leicht nachprüfen.
   Erstelle (wie in Fig. 2) eine Tabelle und ein Diagramm, welches das Anwachsen des Kapitals für p = 7; 8; 9 und K0 = 300, 400, 500 (DM) in 30 Jahren wiedergibt.

2. a) Versuche mit einer Tabelle wie in Fig. 2 herauszufinden, nach welcher Zeit sich ein Anfangskapital von 100 DM bei p = 5 verdoppelt (Verdoppelungszeit).
   b) Ermittle mit der Tabelle die Verdoppelungszeit für K0 = 200; 300; 400 (DM) und p = 5; 6; 7.
   Von welchem der Parameter p oder K0 hängt die Verdoppelungszeit ab?
   c) Ermittle mit der Tabelle die ungefähre Verdoppelungszeit für p = 1, 2,..,10.
   d) Im Bankbereich gibt es die Faustregel: Verdoppelungszeit = 70/Zinssatz.
   Überprüfe diese Faustregel mit der Tabelle.
   Versuche, die Verdoppelungszeit auch rechnerisch zu ermitteln.
   (Hinweis: Benutze die Beziehung (*).)

3. Welches Kapital muß angelegt werden, damit es bei p = 6,5; 7; 8 in 20 Jahren auf 100 000 DM anwächst? (Erstelle hierzu eine Tabelle mit den Parametern p und K0.)
   Versuche, dieses Kapital auch rechnerisch zu ermitteln.
   (Hinweis: Verwende die Beziehung (*).)

4. Ein Kapital von 10000 DM wird zu einem Jahreszinssatz von 4% angelegt, ein zweites Kapital von 8000 DM zu 5%. Nach wieviel Jahren hat das zweite Kapital das erste "überholt"? (Erstelle hierzu eine Tabelle und ein Diagramm.) Versuche die Aufgabe auch rechnerisch zu lösen. (Hinweis: Benutze die Beziehung (*).)

5. Max legt ein Kapital von 8000 DM mit 4% an. Mit welchem Zinssatz muß Marlene ein Kapital von 7000 DM anlegen, damit die beiden Kapitalwerte nach 10 Jahren gleich sind? (Erstelle hierzu eine Tabelle mit den Parametern p und K0 und ein Diagramm.) Versuche diesen Zinssatz auch rechnerisch zu ermitteln.

6. Um ein Darlehen abzuzahlen, sind Zinsen und Tilgung zu zahlen. Normalerweise wird eine feste Rate R vereinbart, die der Darlehensnehmer in regelmäßigen Zeitabständen (monatlich, jährlich) an die Bank zahlt. Von diesem Betrag R werden die angefallenen Zinsen beglichen. Der verbleibende Rest von R wird zur Tilgung verwendet. Im Verlauf der Zeit wird hierbei der Zinsanteil geringer und der Tilgungsanteil größer. In Fig. 4 ist ein Tilgungsplan für ein Darlehen von 100 000 DM und eine Rate von 8000 DM bei jährlicher Abrechnung (7% Zinsen) für die ersten drei Jahre durchgerechnet.

Nach n Jahren	Zahlung	Zinsen	Tilgung	Schuld
1	8000 DM	7000,00 DM	1000,00 DM	99000,00 DM
2	8000 DM	6930,00 DM	1070,00 DM	97930,00 DM
3	8000 DM	6855,10 DM	1144,90 DM	96785,10 DM

Fig. 4

a) Erstelle eine Tabelle, mit der ein vollständiger Tilgungsplan erstellt werden kann.
b) Stelle die jährlichen Zinsen und die jährliche Tilgungsrate in einem Diagramm dar. Ab dem wievielten Jahr ist die jährliche Tilgungsrate größer als die Zahlung für die Zinsen?
Nach wieviel Jahren ist das Darlehen getilgt?
c) Untersuche mit einer Tabelle, wie sich die Laufzeit des Darlehens bei sonst gleichen Bedingungen ändern würde, wenn der Zinssatz im ersten Jahr 5% beträgt und jährlich um 0,25 % steigt.
Stelle die jährlichen Zinsen und die jährliche Tilgungsrate in einem Diagramm dar. In welchem Jahr sind die meisten Zinsen zu zahlen?

7 Regelmäßige Zahlungen und ihre Verzinsung

Bei bestimmten Sparanlagen, z.B. Bausparverträgen, werden in bestimmten Zeitabschnitten regelmäßige Einzahlungen gemacht. Das jeweils angesparte Guthaben wird verzinst. Im folgenden soll der Fall betrachtet werden, daß die regelmäßigen Einzahlungen sowie die Berechnung der Zinsen jährlich erfolgen. Auch andere Zeitintervalle, z.B. monatliche Einzahlungen und Abrechnungen, sind üblich.

Ohne regelmäßige Einzahlungen wächst bei einem Zinssatz von $p\%$ ein Kapital K_0 im ersten Jahr durch die Zinsen $Z_1 = K_0 \cdot p/100$ an auf

$$K_0 + Z_1 = K_0 + K_0 \cdot p/100 = K_0 \cdot (1 + p/100).$$

Wenn der Sparer nun am Ende des Jahres eine Sonderzahlung *So* einzahlt, hat er am Ende des ersten Jahres insgesamt das Kapital

$$K_1 = K_0 + Z_1 + So = K_0 + K_0 \cdot p/100 + So = K_0 \cdot (1 + p/100) + So.$$

Dieses Kapital K_1 bringt im darauffolgenden Jahr die Zinsen $Z_2 = K_1 \cdot p/100$, so daß am Ende des zweiten Jahres das Kapital mit den Zinsen und der regelmäßigen Sonderzahlung angewachsen ist auf

$$K_2 = K_1 + Z_2 + So = K_1 + K_1 + \mathrm{p}/100 + So = K_1 \cdot (1 + p/100) + So.$$

Entsprechend einer Verzinsung ohne Sonderzahlung läßt sich auch hier eine Formel herleiten, mit der man das Guthaben am Ende des Jahres berechnen kann (s. Aufgabe 1). Das Guthaben läßt sich aber auch in einer Tabelle schrittweise Jahr um Jahr berechnen.

Mit den Konstanten

p für den Zinssatz,
K0 für das Anfangskapital und
So für die jährliche Sonderzahlung

ergibt sich das Verfahren in Fig. 1.

k	Guthaben nach k Jahren
0	K0
Z(-1)S+1	Z(-1)S*(1+p/100)+So
Z(-1)S+1	Z(-1)S*(1+p/100)+So
↓	↓

Fig. 1

In Fig. 2 ist die Gestaltung einer solchen Tabelle wiedergegeben.

	A	B	C	D
1	Jährliche Verzinsung und		Parameter	
2	jährl. Sonderzahlung		p	<Eingabe p>
3			K0	<Eingabe K0>
4			So	<Eingabe So>
5				
6	k	Guthaben nach k Jahren		
7	0	=K0		
8	=A7+1	=B7*(1+p/100)+So		
9	=A8+1	=B8*(1+p/100)+So		
...	↓	↓		

Fig. 2

Fig. 3 zeigt für die Parameterwerte K0 = 1000, p = 6, So = 500 die Entwicklung des Guthabens.

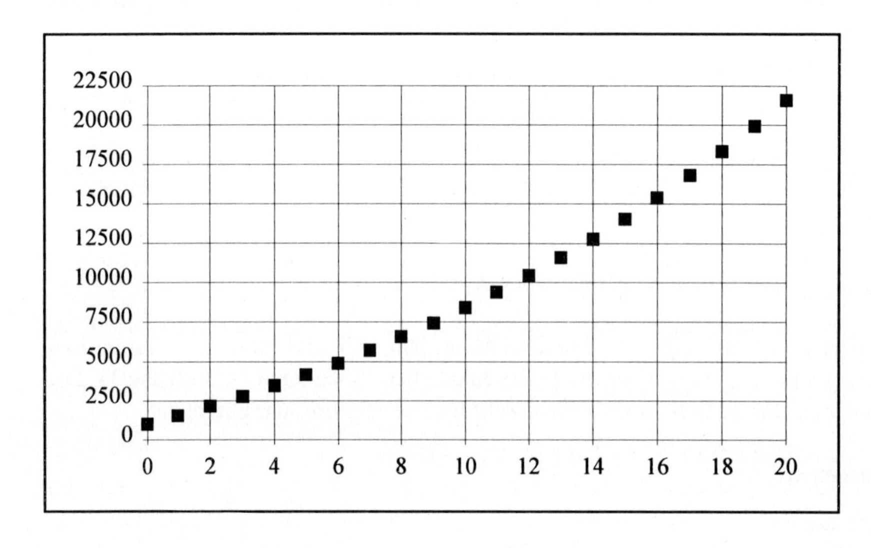

Fig. 3

Bemerkungen und Aufgaben

1. Die Sonderzahlungen lassen das Guthaben schneller anwachsen als eine reine Verzinsung ohne Sonderzahlung.
   a) Erstelle die Tabelle von Fig. 2 und ergänze sie durch eine Spalte, in der das Anwachsen des Kapitals ohne Sonderzahlung berechnet wird (p = 6; K0 = 1000; So = 500; 20 Jahre).
   Vergleiche in einem Diagramm die Entwicklung des Guthabens in den beiden Fällen.
   b) Untersuche mit der Tabelle, welches Kapital K0 der Sparer bei demselben Zinssatz (p = 6) anlegen müßte, damit das Guthaben in 20 Jahren auf denselben Betrag anwächst wie mit Sonderzahlungen (500 DM).

c) Kommen am Ende eines Jahre die Zinsen und eine Sonderzahlung *So* zum Guthaben hinzu, so ist dieses Guthaben nach n Jahren angewachsen auf

$$K_n = K_0\, q^n + So\,\frac{q^n - 1}{q - 1}; \quad q = 1 + \frac{p}{100}.$$

Überprüfe diese Beziehung mit der Tabelle nach Fig. 2 für verschiedene Werte der Parameter.
Beweise die obige Beziehung.

2. Erstelle analog zu Fig. 2 in einer Tabelle die beiden folgenden Sparpläne.
Herr Maier will ein Kapital von 100 DM bei einem Zinssatz von 4% anlegen und an jedem Jahresende einen zusätzlichen Betrag von 500 DM einzahlen. Frau Gut will nur mit einem Kapital von 50 DM anfangen und an jedem Jahresende nur 300 DM zusätzlich einzahlen. Sie rechnet aber mit einem Zinssatz von 7%. Die Zahlung der Zinsen und der Sonderzahlung erfolgen jeweils am Jahresende. Verwende entsprechende Parameter.
a) Welches Kapital hätte jeder der beiden am Ende des 5ten Jahres?
b) Nach wieviel Jahren wäre das Guthaben von Frau Gut größer als das von Herrn Maier?
c) Welche Sonderzahlungen müßte Frau Gut jährlich machen, damit bei sonst gleichen Bedingungen die beiden Guthaben nach 20 Jahren gleich sind?

3. Familie Haus schließt einen Bausparvertrag über 50000 DM ab. Sie zahlt zu Beginn eines jeden Jahres 1000 DM ein. Das Guthaben wird mit jährlich 4% verzinst. Der Bausparvertrag gelangt zur Auszahlung, wenn das Guthaben auf mindestens 45% der Bausparsumme angewachsen ist. Die Zinsabrechnung erfolgt jährlich.
a) Erstelle eine Tabelle, mit der der Kontostand zu Beginn eines jeden Jahres berechnet wird.
b) Nach wieviel Jahren wird der Bausparvertrag fällig?
c) Die Rückzahlung des Darlehens erfolgt in konstanten, jährlichen Raten in Höhe von 3000 DM. Von dieser Rate werden die Zinsen (p = 6) für die Restschuld beglichen. Der verbleibende Rest der Rate wird zur Tilgung verwendet.
Erstelle mit einer Tabelle einen Tilgungsplan.
Nach wieviel Jahren ist das Darlehen getilgt?

4. Manche Banken lassen bei der Rückzahlung eines Darlehen Sonderzahlungen zu.
a) Erstelle mit Hilfe einer Tabelle einen Tilgungsplan für ein Darlehens von 100000 DM (p = 7, jährliche Rate R = 8000 DM), wenn am Ende eines jeden Jahres eine zusätzliche Sondertilgung von 1000 DM getätigt wird und die Zinsabrechnung jährlich erfolgt. (Führe für die Rate einen Parameter ein.)
b) Welche jährliche Sonderzahlung wäre nötig, wenn bei sonst gleichen Bedingungen das Darlehen nach 10 Jahren getilgt sein soll?

8 Stetige Verzinsung

Banken berechnen die Zinsen für ein Guthaben jeweils am Ende eines festgelegten Zeitraums (Jahr, Monat). Die Zinsen werden nach jeder Zinsberechnung dem Guthaben zugeschlagen. Zum Beispiel bringt ein Kapital von 100 DM, das mit 6% verzinst wird, in einem Jahr 6 DM Zinsen. Damit ist das Guthaben nach einem Jahr auf insgesamt 106 DM angewachsen. Bei bestimmten Geldanlagen (Festgeld) werden die Zinsen nach jedem Monat berechnet. Zur Berechnung der Monatszinsen werden hierbei die pro Jahr anfallenden Zinsen durch 12 dividiert. Das Guthaben von 100 DM bringt dann bei 6% in einem Monat

$$100 \cdot \frac{6}{100} \cdot \frac{1}{12} \text{ DM}$$

Zinsen. Beim Zinssatz p wächst das Guthaben K_0 im ersten Monat an auf

$$K_1 = K_0 + K_0 \cdot \frac{p}{100} \cdot \frac{1}{12} = K_0 \cdot (1 + \frac{p}{100 \cdot 12}).$$

Am Ende des zweiten, dritten bzw. 12ten Monats gilt für das Guthaben

$$K_2 = K_1 + K_1 \cdot \frac{p}{100} \cdot \frac{1}{12} = K_1 \cdot (1 + \frac{p}{100 \cdot 12}),$$

$$K_3 = K_2 + K_2 \cdot \frac{p}{100} \cdot \frac{1}{12} = K_2 \cdot (1 + \frac{p}{100 \cdot 12}),$$

bzw.

$$K_{12} = K_{11} + K_{11} \cdot \frac{p}{100} \cdot \frac{1}{12} = K_{11} \cdot (1 + \frac{p}{100 \cdot 12}).$$

Mit den Konstanten

K0 für das Anfangsguthaben und
p für den Zinssatz

läßt sich die monatliche Berechnung des Guthabens in einer Tabelle durchführen (Fig. 1).

k-ter Monat	Guthaben
0	K0
Z(-1)S+1	Z(-1)S*(1+p/(100*12))
Z(-1)S+1	Z(-1)S*(1+p/(100*12))
↓	↓

Fig. 1

Um den Wert des Kapitals nach einem Jahr zu ermitteln, muß diese Tabelle nach unten bis zum 12ten Monat fortgesetzt werden. Würde die Bank die Zinsen nicht nach jeweils einem Monat (= 1/12 Jahr) berechnen und ausbezahlen, sondern nach jeweils $1/n$ Jahr (bei einer Woche ist $n = 52$), würde das Jahr also in n Verzinsungsintervalle unterteilt werden, so ergäbe sich für das Guthaben am Ende des ersten, zweiten bzw. n-ten Verzinsungsintervalls

$$K_1 = K_0 + K_0 \cdot \frac{p}{100} \cdot \frac{1}{n} = K_0 \cdot (1 + \frac{p}{100 \cdot n}),$$

$$K_2 = K_1 + K_1 \cdot \frac{p}{100} \cdot \frac{1}{n} = K_1 \cdot (1 + \frac{p}{100 \cdot n}),$$

bzw.

$$K_n = K_{n-1} + K_{n-1} \cdot \frac{p}{100} \cdot \frac{1}{n} = K_{n-1} \cdot (1 + \frac{p}{100 \cdot n}).$$

Mit den Konstanten

K0 für das Anfangsguthaben,
p für den Zinssatz und
n für die Anzahl der Verzinsungsintervalle

läßt sich das Verfahren zur schrittweisen Berechnung des Guthabens in einer Tabelle darstellen (Fig. 2).

k-tes Zeitintervall	Guthaben
0	K0
Z(-1)S+1	Z(-1)S*(1+p/(100*n))
Z(-1)S+1	Z(-1)S*(1+p/(100*n))
↓	↓

Fig. 2

Nach Festlegung des Wertes von n muß diese Tabelle nach unten bis zum n-ten Zeitintervall fortgesetzt werde. In Fig. 3 ist die Gestaltung einer entsprechenden Tabelle wiedergegeben.

	A	B
1	Verzinsung bei n Intervallen	
2		
3	Parameter	
4	K0	<Eingabe K0>
5	p	<Eingabe p>
6	n	<Eingabe n>
7		
8	k-tes Intervall	Guthaben
9	0	=K0
10	=A9+1	=B9*(1+p/(100*n))
11	=A10+1	=B10*(1+p/(100*n))
...	↓	↓

Fig. 3

Für die Parameterwerte K0 = 100, p = 6, n = 12 ergibt sich für die Entwicklung des Kapitals in einem Jahr das Diagramm in Fig. 4.

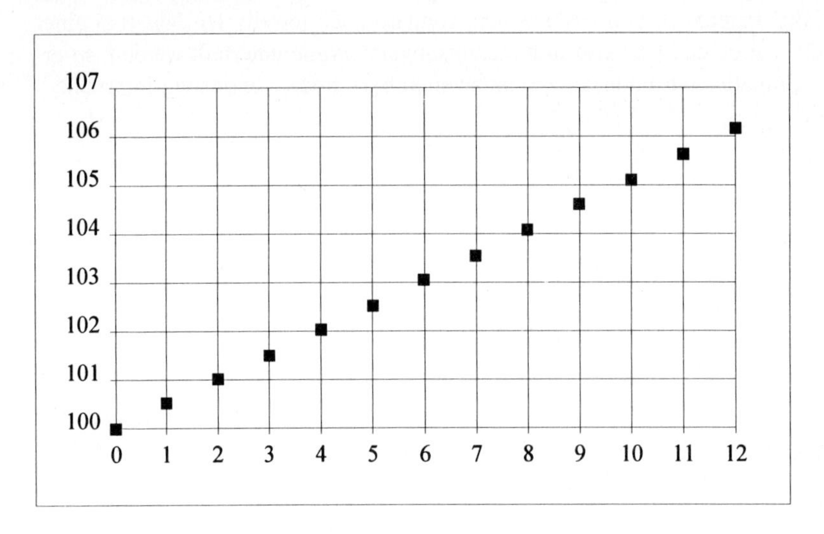

Fig. 4

Bemerkungen und Aufgaben

1. Das Diagramm in Fig. 4 läßt zunächst vermuten, daß das Kapital im Verlauf des Jahres linear anwächst. Die genaue Nachprüfung der Werte in der Wertetabelle zeigt jedoch, daß dies nicht der Fall ist. Erstelle die Tabelle nach Fig. 3 und prüfe dies nach.
   a) Welchen Zinssatz müßte eine Bank, die den Zins erst am Ende des Jahres (statt monatlich) berechnet, zahlen, damit sich am Ende des Jahres dasselbe Gesamtguthaben wie in Fig. 4 (106,17 DM) ergibt (effektiver Jahreszins)?
   b) Untersuche mit der Tabelle in Fig. 3, wie bei monatlicher Zinszahlung (p = 6) das Guthaben am Ende des Jahres vom Anfangsguthaben K0 abhängt.
   c) Untersuche mit der Tabelle in Fig. 3 das Anwachsen eines Guthabens von 100 DM im Verlaufe eines Jahres bei wöchentlicher Zinszahlung für p = 10, 20, 30, ... 100. Erstelle jeweils ein Diagramm.
   Welcher Zinssatz wäre jeweils nötig, um bei einmaliger Zinsberechnung am Ende des Jahres dasselbe Gesamtguthaben zu erreichen (effektiver Jahreszins)?

2. Ermittle mit einer Tabelle für p = 100, K0 = 100 DM den effektiven Jahreszins (siehe Aufgabe 1c) bei einer Einteilung des Jahres in n = 52; 104; 365 Verzinsungsintervalle. Läßt sich dieser effektive Jahreszins durch Vergrößern von n weiter steigern?

3. Ersetzt man in

$$K_2 = K_1 \cdot (1+\frac{p}{100\,n})$$

K_1 durch $K_0 \cdot (1+\frac{p}{100\,n})$, so ergibt sich

$$K_2 = K_1 \cdot (1+\frac{p}{100\,n}) = K_0 \cdot (1+\frac{p}{100\,n})^2.$$

Die weiteren Einsetzungen liefern schließlich für K_n die Formel

$$K_n = K_{n-1} \cdot (1+\frac{p}{100\,n}) = K_0 \cdot 1+\frac{p}{100\,n})^n.$$

Mit Hilfe dieser Beziehung läßt sich bei gegebenem n (Zahl der Verzinsungsintervalle im Jahr) das Guthaben am Ende des Jahres berechnen, ohne dies schrittweise (wie oben) tun zu müssen. Hierzu ist lediglich der Faktor

$$F = (1+\frac{p}{100\,n})^n$$

zu berechnen.

Erstelle mit dem Parameter p eine Tabelle, in welcher der Wert von F für $n = 1; 2; 3; ...$ berechnet wird.
Welchem Wert nähert sich der Faktor F bei $p = 100$ (50, 25), wenn n gegen Unendlich strebt (stetige Verzinsung)?
Für $p = 100$ strebt der Wert von F gegen die Eulersche Zahl $e = 2{,}7182818...$ (Euler, Leonhard, 1707-1783). Vergleiche hiermit den Wert, der sich für n gegen Unendlich bei $p = 50; 25; 12{,}5$ ergibt.
Versuche die Vermutung zu beweisen.

9 Lineares und exponentielles Wachstum

Das Anwachsen eines Kapitals läßt sich wie folgt beschreiben:
Zu Anfang existiert ein Kapital K_0. In jedem Zeitintervall Δt wächst das Kapital um einen Zuwachs ΔK an (Fig. 1). Der Zuwachs ΔK wird auch Änderung genannt.

Zeit	Kapital
0	K_0
$1 \cdot \Delta t$	$K_1 = K_0 + \Delta K$
$2 \cdot \Delta t$	$K_2 = K_1 + \Delta K$
$3 \cdot \Delta t$	$K_3 = K_2 + \Delta K$
...	...

Fig. 1

Beispiele:

1. Eva bekommt zu ihrem Geburtstag 100 DM geschenkt, die sie in ihre Sparbüchse wirft. Jeden Monat will sie von ihrem Taschengeld zusätzlich 10 DM in die Sparbüchse werfen. In dieser befinden sich dann nach Ablauf des 1., 2., 3. und 4. Monats (Fig. 2):

Monat	Kapital	
0	$K_0 =$	100 DM
1	$K_1 = K_0 + \Delta K =$	100 DM + 10 DM = 110 DM
2	$K_2 = K_1 + \Delta K =$	110 DM + 10 DM = 120 DM
3	$K_3 = K_2 + \Delta K =$	120 DM + 10 DM = 130 DM
4	$K_4 = K_3 + \Delta K.=$	130 DM + 10 DM = 140 DM

Fig. 2

Der Zuwachs (die Änderung) ΔK ist konstant ($\Delta K = 10$ DM), und das neue Kapital berechnet sich aus dem alten Kapital nach der Beziehung:

$$K_{neu} = K_{alt} + \Delta K$$

2. Max bekommt ebenfalls 100 DM geschenkt und wirft sie in seine Sparbüchse. Er nimmt sich vor, jeden Monat 10% des Betrages, der sich bereits in der Sparbüchse befindet, zusätzlich einzuwerfen. Sein Kapital entwickelt sich in 4 Monaten wie in Fig. 3.

Monat	Kapital		
0	$K_0 =$	100 DM	
1	$K_1 = K_0 + \Delta K =$	$100 \text{ DM} + 100 \cdot 0{,}1 \text{ DM} =$	110 DM
2	$K_2 = K_1 + \Delta K =$	$110 \text{ DM} + 110 \cdot 0{,}1 \text{ DM} =$	121 DM
3	$K_3 = K_2 + \Delta K =$	$121 \text{ DM} + 121 \cdot 0{,}1 \text{ DM} =$	133,10 DM
4	$K_4 = K_3 + \Delta K =$	$133{,}10 \text{ DM} + 133{,}10 \cdot 0{,}1 \text{ DM} =$	146,41 DM

Fig. 3

Auch hier berechnet sich das neue Kapital aus dem alten nach der Beziehung

$$K_{neu} = K_{alt} + \Delta K.$$

Der Zuwachs (die Änderung) ist aber nicht konstant. Er ist proportional zum momentanen Bestand, nämlich $\Delta K = 0{,}1 \cdot K_{alt}$. Den Proportionalitätsfaktor 0,1 nennt man auch Zuwachsfaktor (Änderungsfaktor).

Ist der Zuwachs bei allen Zeitschritten gleich groß, so spricht man von linearem Wachstum. Ist der Zuwachs proportional zum aktuellen Bestand, so liegt exponentielles Wachstum vor.

Mit den Konstanten

E0 für das Startkapital von Eva,
Ezu für den monatlichen Zuwachs des Kapitals von Eva,
M0 für das Startkapital von Max und
Mp für den Zuwachsfaktor (Änderungsfaktor) des Kapitals von Max

läßt sich für die beiden obigen Beispiele das Kapital in einer Tabelle schrittweise berechnen (Fig. 4).

Lineares Wachstum		Exponentielles Wachstum	
Monat	Kapital von Eva	Monat	Kapital von Max
0	E0	0	M0
Z(-1)S+1	Z(-1)S+Ezu	Z(-1)S+1	Z(-1)S+Mp*Z(-1)S
Z(-1)S+1	Z(-1)S+Ezu	Z(-1)S+1	Z(-1)S+Mp*Z(-1)S
↓	↓	↓	↓

Fig. 4

In Fig. 5 ist die Gestaltung einer solchen Tabelle wiedergegeben.

	A	B	C	D
1	Lineares Wachstum		Exponentielles Wachstum	
2				
3	Parameter		Parameter	
4	E0	<Eingabe E0>	M0	<Eingabe M0>
5	Ezu	<Eingabe Ezu>	Mp	<Eingabe Mp>
6				
7	Monat	Kapital von Eva	Monat	Kapital von Max
8	0	=E0	0	=M0
9	=A8+1	=B8+Ezu	=C8+1	=D8+Mp*D8
10	=A9+1	=B9+Ezu	=C9+1	=D9+Mp*D9
...	↓	↓	↓	↓

Fig. 5

Die Parameterwerte E0 = 100, Ezu = 10 bzw. M0 = 100, Mp = 0,1 liefern das Ergebnis in Fig. 6.

	A	B	C	D
1	Lineares Wachstum		Exponentielles Wachstum	
2				
3	Parameter		Parameter	
4	E0	100	M0	100
5	Ezu	10	Mp	0,1
6				
7	Monat	Kapital von Eva	Monat	Kapital von Max
8	0	100	0	100
9	1	110	1	110
10	2	120	2	121
11	3	130	3	133,1
12	4	140	4	146,41
...	↓	↓	↓	↓

Fig. 6

Die Daten in Spalte B und D lassen sich in einem Diagramm (über den Daten der Spalte A als x-Werte) darstellen. In Fig. 7 ist eine solche graphische Darstellung für E0 = 100 und Ezu = 10 bzw. für M0 = 100 und Mp = 0,1 wiedergegeben.

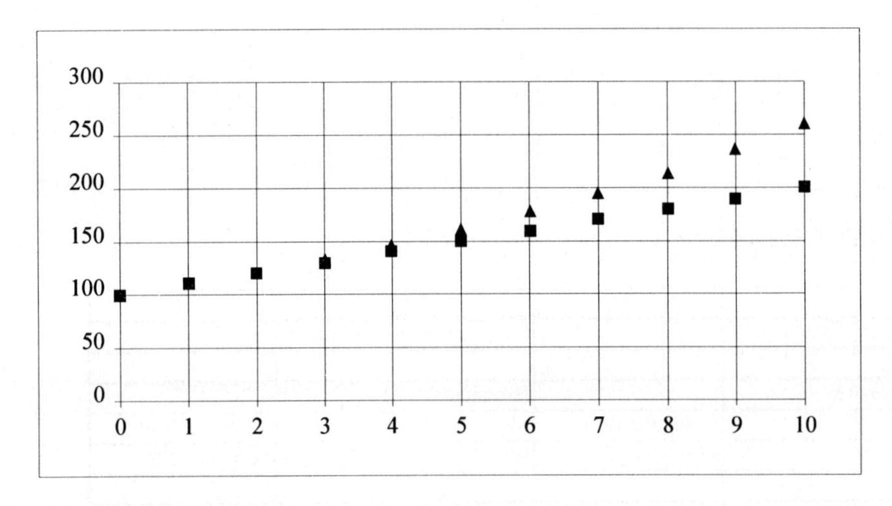

Fig. 7

Bemerkungen und Aufgaben

1. Die beiden in Fig. 7 dargestellten Diagramme sind sehr unterschiedlich. In dem einen Fall liegen die Punkte auf einer Geraden. Sie veranschaulichen das lineare Wachstum. Im anderen Fall liegen die Punkte auf einer Kurve, dem Schaubild einer Exponentialfunktion. Sie geben das exponentielle Wachstum wieder.

Exponentielles Wachstum liegt immer dann vor, wenn der Zuwachs (die Änderung) proportional zum momentanen Bestand ist. Dies ist z.B. unter gewissen Voraussetzungen beim Wachstum von Pflanzen der Fall.

2. Erstelle (entsprechend Fig. 5) eine Tabelle, die das exponentielle Wachstum beschreibt, wenn mit einem Bestand von B0 = 200 begonnen wird und für den Zuwachs (pro Zeiteinheit) $\Delta B = 0{,}05*B$ gilt.
   a) Untersuche mit der Tabelle, nach welcher Zeit der Bestand B doppelt so groß ist wie am Anfang.
      Nach welcher Zeitspanne verdoppelt sich der Bestand?
   b) Nach welcher Zeit ist die Änderung größer als der Anfangswert B0?

3. Man schätzt, daß ein Waldbestand jährlich um 3% seines Bestandes wächst.
   Erstelle eine Tabelle, die den Holzbestand eines Waldes berechnet, wenn zu Beginn der Beobachtung der Wald einen Holzbestand von 100 000 fm (Festmeter) hat.
   Nach welcher Zeit hat sich der Holzbestand dieses Waldes verdoppelt (Verdoppellungszeit)?
   Ein anderer Wald hat zu Beginn der Beobachtung einen Holzbestand von 80 000 fm. Der Holzbestand wächst aber jährlich um 3,5%. Ergänze die Tabelle, um das Wachsen auch dieses Waldes beobachten zu können.
   Stelle den Holzbestand der beiden Wälder für 50 Jahre in einem Diagramm dar.
   Nach welcher Zeit ist der Holzbestand in beiden Wäldern gleich?

4. In einen Behälter, in dem sich 200 Liter Wasser befinden, fließen in jeder Minute 5 Liter Wasser. Durch einen Abfluß fließen jedoch pro Minute 8,5 Liter Wasser ab.
   a) Erstelle eine Tabelle zur Berechnung der Wassermenge in dem Behälter.
      Erstelle ein Diagramm, das die Wassermenge als Funktion der Zeit darstellt.
      Handelt es sich um lineares oder exponentielles Verhalten?
      Wann ist der Behälter leer?
   b) Berechne die Zeit, nach welcher der Behälter leer ist ohne Tabelle.

5. Eine Preissteigerungsrate von 3% gegenüber dem Vorjahr bedeutet, daß eine Ware, die vor einem Jahr 100 DM kostete, heute 103 DM kostet.
   a) Erstelle eine Tabelle mit den Parametern P0 für den ursprünglichen Preis und p für die Preissteigerungsrate.
      Erstelle für die Parameterwerte P0 = 200 und p = 3 ein Diagramm für die ersten 50 Jahre.
   b) Nach wieviel Jahren hat sich bei p = 3 ein ursprünglicher Preis von 100 DM, 200 DM, 1000 DM verdoppelt (Verdoppelungszeit)?
      Von welchem der beiden Parameter P0 und p hängt die Verdoppelungszeit ab?
   c) Bei welcher Preissteigerungsrate p verdoppelt sich der Preis einer Ware von ursprünglich 200 DM, 300 DM, 400 DM in 20 Jahren?
   d) Versuche die Teilaufgaben b) und c) durch Rechnung zu lösen.

6. Es gibt auch Waren, die billiger werden. Der Preis eines Rechners z.B. sank im Verlauf von 5 Jahren bei gleichen Leistungsmerkmalen etwa auf die Hälfte. Erstelle mit den Parametern P0 (ursprünglicher Preis) und p ("Verbilligungsrate") eine Tabelle.
   a) Um wieviel Prozent wurde ein Rechner im Durchschnitt jährlich billiger?
   b) Versuche die Teilaufgabe a) durch Rechnung zu lösen.

7. Bei einer Folge von Zahlen ist die erste Zahl 5. Jede weitere Zahl ist um 1,5 größer als die vorhergehende. Erstelle eine Tabelle und ein Diagramm zur Berechnung der ersten 50 Glieder dieser Zahlenfolge.
   a) Vom wievielten Glied der Folge an sind die Zahlen größer als 20?
   b) Erweitere die Tabelle, um die Frage zu beantworten, wie groß die Summe der ersten 20 Zahlen ist.
      Wieviele Zahlen dieser Zahlenfolge muß man addieren, um als deren Summe mindestens 1400 zu erhalten?
   c) Versuche die Fragen der Teilaufgaben a) und b) durch Rechnung zu beantworten.

8. Bei einer Zahlenfolge, die mit der Zahl 10 beginnt, beträgt jede Zahl das 0,8-fache der vorhergehenden Zahl. Erstelle eine Tabelle und ein Diagramm zur Berechnung der ersten 50 Glieder dieser Zahlenfolge.
   a) Ab dem wievielten Glied sind die Zahlen kleiner als 0,1?
   b) Erweitere die Tabelle, um die Frage zu beantworten, wie groß die Summe der ersten 20 Zahlen ist.
      Wieviele Zahlen dieser Zahlenfolge muß man addieren, um als deren Summe mindestens 24,95 zu erhalten?
   c) Welches ist der größte Wert, den die Summe der Zahlen erreichen kann, wenn man die Zahlenfolge beliebig weit fortsetzt?
   d) Versuche die Fragen der Teilaufgaben a) bis c) durch Rechnung zu beantworten.

10 Zerfalls- und Wachstumsvorgänge

Viele Vorgänge in der Natur laufen nach folgender Gesetzmäßigkeit ab:
Eine Größe B (z.B. die Anzahl der Bakterien einer Bakterienkultur) ändert sich so, daß sie nach jedem Zeitintervall Δt um eine Änderung ΔB zu- oder abnimmt. Die Beobachtungen zeigen, daß in sehr vielen Fällen diese Änderung ΔB proportional zur Größe B ist, daß also für ΔB die Beziehung

$$\Delta B = k \cdot B$$

gilt, wobei k eine Konstante ist.

Der neue Wert von B wird dann wie folgt berechnet:

$$B_{neu} = B_{alt} + \Delta B = B_{alt} + k \cdot B_{alt} \,. \qquad (*)$$

ist der Proportionalitätsfaktor k positiv, so ist $B_{neu} > B_{alt}$. Es handelt sich um einen Wachstumsvorgang.
Liegt k zwischen -1 und 0, so ist $B_{neu} < B_{alt}$. Es handelt sich um einen Zerfallsvorgang. Der Proportionalitätsfaktor k kann nicht kleiner als -1 sein, da sonst B_{neu} bereits beim ersten Schritt kleiner als Null wäre.

Beispiele:

a) Eine Bakterienkultur bedeckt zum Zeitpunkt 0 eine Fläche von 5 mm^2. Unter der Voraussetzung, daß genügend Platz und Nahrung vorhanden sind, nimmt die von der Bakterienkultur bedeckte Fläche täglich um die Hälfte zu. Nach dem ersten Tag bedeckt sie eine Fläche von

$$A_1 = 5\text{mm}^2 + 0{,}5 \cdot 5\text{mm}^2 = 7{,}5\text{mm}^2.$$

Nach dem zweiten Tag beträgt die bedeckte Fläche bereits

$$A_2 = 7{,}5\text{mm}^2 + 0{,}5 \cdot 7{,}5\ \text{mm}^2 = 11{,}255\text{mm}^2.$$

Allgemein gilt für den n-ten Tag die Beziehung

$$A_n = A_{n\text{-}1} + 0{,}5 \cdot A_{n\text{-}1} = 1{,}5 \cdot A_{n\text{-}1}\ .$$

Nach jedem Tag beträgt die bedeckte Fläche das 1,5-fache der Fläche des Vortages.

Der Vergleich mit der Beziehung (*) liefert $k = 0{,}5$. Der Proportionalitätsfaktor k ist positiv. Es handelt sich um einen Wachstumsvorgang.

b) Bei dem radioaktiven Isotop Plutonium(241;94) zerfallen im Jahr etwa 5,192% der Atome in Americium(241;95). Von 100 mg dieses Plutoniums sind also nach einem Jahr noch

$M_1 = (100 - 0{,}05192 \cdot 100)$ mg $= 94{,}80$ mg vorhanden.

Nach dem zweiten Jahr sind es noch

$$M_2 = (94{,}80 - 0{,}05192 \cdot 94{,}80)\ \text{mg} = 89{,}88\ \text{mg}.$$

Allgemein gilt nach dem n-ten Jahr die Beziehung

$$M_n = M_{n\text{-}1} - 0{,}05192 \cdot M_{n\text{-}1} = 0{,}94808 \cdot M_{n\text{-}1}.$$

Nach jedem Jahr ist noch das 0,94808-fache der Menge des Vorjahres vorhanden.

Der Vergleich mit der Beziehung (*) liefert $k = -\ 0{,}05192$. Der Proportionalitätsfaktor k liegt zwischen -1 und 0. Es handelt sich um einen Zerfallsvorgang.

Mit den Konstanten

B0 für den Anfangsbestand und
k für den Änderungsfaktor in der Beziehung $\Delta B = k \cdot B$

läßt sich der Bestand nach dem Verfahren in Fig. 1 schrittweise berechnen.
(Für das Beispiel a) ist k = 0,5; für das Beispiel b) ist k = - 0,05192.)

Zeitintervall	Bestand
0	B0
Z(-1)S+1	Z(-1)S+k*Z(-1)S
Z(-1)S+1	Z(-1)S+k*Z(-1)S
↓	↓

Fig. 1

In Fig. 2 ist die Gestaltung einer solchen Tabelle wiedergegeben.

	A	B
1	Zerfalls- und	
2	Wachstumsvorgänge	
3		
4	Parameter	
5	B0	<Eingabe B0>
6	k	<Eingabe k>
7		
8		
9	Zeitintervall	Bestand
10	0	=B0
11	=A10+1	=B10+k*B10
12	=A11+1	=B11+k*B11
...	↓	↓

Fig. 2

Das Diagramm in Fig. 3 zeigt den zeitlichen Verlauf für das Beispiel b) mit den Parameterwerten M0 = 100, k = - 0,05192.

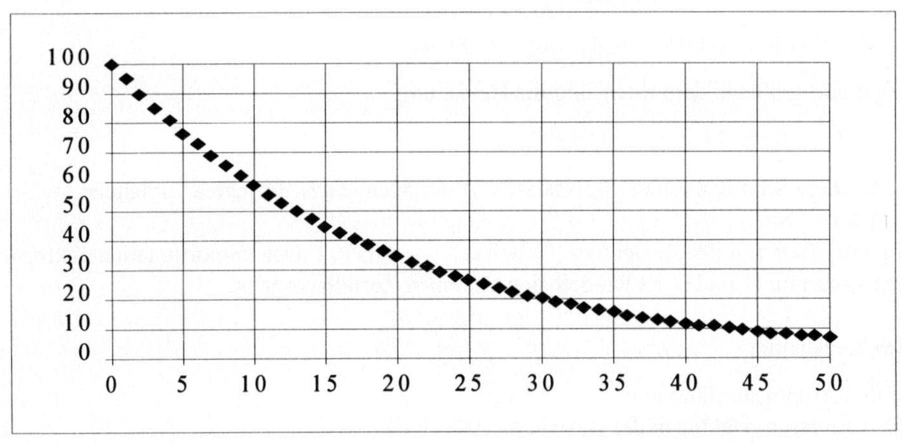

Fig. 3

Bemerkungen und Aufgaben

1. Wendet man die Beziehung

$$B_{neu} = B_{alt} + \Delta B = B_{alt} + k \cdot B_{alt}$$

wiederholt an und setzt jeweils den vorherigen Wert für B ein, so ergibt sich

$$B_1 = B_0 + k \cdot B_0 = B_0 \cdot (1 + k),$$
$$B_2 = B_1 + k \cdot B_1 = B_1 \cdot (1 + k) = B_0 \cdot (1 + k) \cdot (1 + k) = B_0 \cdot (1 + k)^2,$$
$$B_3 = B_2 + k \cdot B_2 = B_2 \cdot (1 + k) = B_0 \cdot (1 + k)^2 \cdot (1 + k) = B_0 \cdot (1 + k)^3,$$
$$B_4 = B_3 + k \cdot B_3 = B_3 \cdot (1 + k) = B_0 \cdot (1 + k)^2 \cdot (1 + k) = B_0 \cdot (1 + k)^4,$$
$$\ldots$$
$$B_n = B_{n-1} + k \cdot B_{n-1} = B_{n-1} \cdot (1 + k) = B_{n-1} \cdot (1 + k)^{n-1} \cdot (1 + k) = B_0 \cdot (1 + k)^n.$$

Mit Hilfe der letzten Gleichung

$$B_n = B_0 \cdot (1 + k)^n$$

kann der Bestand nach dem n-ten Zeitintervall auch ohne Berechnung der Zwischenergebnisse B_1, B_2, ... berechnet werden.

Setzt man $1 + k = a$, so lautet das Gesetz für exponentielles Wachstum bzw. exponentiellen Zerfall

$$B(t) = B_0 \cdot a^t. \qquad (**)$$

Für $a > 1$ beschreibt die Gleichung (**) exponentielles Wachstum.
Für $0 < a < 1$ beschreibt die Gleichung (**) exponentielle Zerfallsvorgänge.

Den prinzipiellen Aufbau einer Tabelle bei Benützung der Beziehung (**) zeigt Fig. 4.

Zeit	Bestand
0	B0*a^ZS(-1)
Z(-1)S+1	B0*a^ZS(-1)
Z(-1)S+1	B0*a^ZS(-1)
↓	↓

Fig. 4

2. Im Erdboden vorhandene Bakterien teilen sich etwa jede halbe Stunde, d.h. ihre Anzahl verdoppelt sich jede halbe Stunde, wenn man davon ausgeht, daß keine Bakterien abgetötet werden.
Zum Zeitpunkt 0 seien 10 Bakterien vorhanden. Erstelle eine Tabelle mit dem Parameter B0 (Zahl der Bakterien zu Beginn) und ein Diagramm für den zeitlichen Verlauf der Bakterienzahl für die ersten 5 Stunden. Benütze für die Erstellung der Tabelle die Beziehung

a) $B_{neu} = B_{alt} + k \cdot B_{alt}$, · b) $B(t) = B_0 \cdot a^t$.

3. In manchen Lagerhäusern finden Ratten ideale Lebensbedingungen. Durch Geburt und Tod möge die Anzahl der Ratten pro Tag um 1,5% zunehmen. 20 Ratten ziehen in ein bisher rattenfreies Lagergebäude ein. Erstelle eine Tabelle wie in Fig. 2.
   a) Wieviel Ratten sind nach einem Jahr in dem Gebäude, wenn keine Bekämpfungsmaßnahmen eingeleitet werden?
   b) In welchen Zeitintervallen würde sich die Anzahl der Ratten ohne Bekämpfungsmaßnahmen verdoppeln?
   c) Versuche die Teilaufgaben a) und b) durch Rechnung zu lösen.

4. China und Indien hatten 1988 zusammen etwa 1,82 Milliarden Einwohner. Erstelle eine Tabelle wie in Fig. 2.
   a) Mit welcher Einwohnerzahl ist bis zum Jahre 2010 zu rechnen, wenn man davon ausgeht, daß die Bevölkerung jährlich um etwa 3% zunimmt?
   b) Wann hätte sich die Bevölkerungszahl bei diesen Annahmen gegenüber 1988 verdoppelt?
   c) Wann würde die 5 Milliardengrenze überschritten werden?

5. Eine Seerose wird in einen Teich gesetzt und wächst darin so gut, daß sie nach jeweils einer Woche die doppelte Fläche der Vorwoche bedeckt. Nach 2 Monaten (8 Wochen) ist der Teich zugewachsen. Nach welcher Zeit wäre der Teich zugewachsen, wenn in den Teich 2 (4) Seerosen eingesetzt worden wären?

6. Auch in klaren Gewässern nimmt die Beleuchtungsstärke durch das Tageslicht mit zunehmender Tiefe ab. Bei einem Gewässer nehme die Beleuchtungsstärke mit jedem Meter um 20% ab.
   a) Erstelle eine Tabelle mit dem Parameter B0 (Beleuchtungsstärke an der Wasseroberfläche).
   Erstelle ein Diagramm für die Beleuchtungsstärke in Abhängigkeit von der Wassertiefe, wenn an der Wasseroberfläche die Beleuchtungsstärke 4000 Lux beträgt.
   b) In welcher Tiefe ist die Beleuchtungsstärke nur noch halb so groß wie an der Oberfläche?
   c) In welcher Tiefe hat die Beleuchtungsstärke gegenüber der Wasseroberfläche um 90% abgenommen?
   d) Wie lauten die Antworten auf die Fragen in Teilaufgabe a) und b), wenn an der Wasseroberfläche die Beleuchtungsstärke 3000 Lux beträgt?

7. Der Luftdruck nimmt mit zunehmender Höhe ab, und zwar im Mittel um etwa 13% je Kilometer Höhenzunahme. Erstelle eine Tabelle zur Ermittlung des Luftdrucks in Abhängigkeit von der Höhe (in km) über der Meereshöhe .
   a) Auf welchen Bruchteil des Luftdrucks auf Meereshöhe hat der Luftdruck in 4000 m Höhe abgenommen?
   b) Welcher Luftdruck herrscht in 8000 m Höhe (Mount Everest: 8848 m), wenn der Luftdruck in Meereshöhe 10,13 N/cm^2 (bei einem Tiefdruckgebiet 9,50 N/cm^2) beträgt?

8. Die Alkoholkonzentration im Blut nimmt ohne Alkoholaufnahme pro Stunde näherungsweise um 20% ab.
   Die Abnahme hängt stark von der körperlichen Verfassung des Betroffenen ab.
   a) Erstelle eine Tabelle mit dem Parameter K0 (Alkoholkonzentration am Anfang) für 10 Stunden.
      Erstelle für K0 = 1,2 (Promille) ein Diagramm.
   b) 4 Stunden nach einem Verkehrsunfall betrug bei einem Unfallbeteiligten die Alkoholkonzentration noch 0,3 Promille. Ermittle durch Ändern des Parameterwertes K0 die Alkoholkonzentration zur Unfallzeit.

11 Begrenztes Wachstum

Bei der Einführung eines neuen Marktartikels nimmt der Anteil der Personen, die diesen Artikel besitzen, solange zu, bis eine Sättigung des Marktes erreicht ist. Für diesen Vorgang soll ein Modell entwickelt werden.

Eine Firma will in einer Stadt ein neues Küchengerät, das noch in keinem Haushalt vorhanden ist, einführen. Um den Verkauf des Produkts zeitlich verfolgen zu können, teilen wir den gesamten Verkaufszeitraum in gleichlange Zeitintervalle Δt (etwa in Wochen) ein. In jedem solchen Zeitintervall kauft ein bestimmter Bruchteil q $(0 < q < 1)$ derjenigen Haushalte, die das Gerät noch nicht besitzen, ein solches Gerät. Hierdurch nimmt die Anzahl der Haushalte, die das Gerät besitzen, in jedem Zeitintervall um einen Zuwachs (eine Änderung) ΔB zu. Nach einem solchen Zeitintervall ist also die neue Anzahl der Besitzer

$$B_{neu} = B_{alt} + \Delta B\,.$$

Wenn n die Gesamtanzahl der Haushalte in der Stadt ist, so besitzen zu Beginn eines Zeitintervalls $(n - B_{alt})$ Haushalte das neue Gerät noch nicht. Der Bruchteil q von diesen kauft im folgenden Zeitintervall das Gerät, d.h. es ist

$$\Delta B = q \cdot (n - B_{alt}).$$

Nach einem Zeitintervall Δt besitzen also

$$B_{neu} = B_{alt} + \Delta B = B_{alt} + q \cdot (n - B_{alt})$$

Haushalte das Gerät.

Mit den Konstanten

B0 für die Anzahl der Haushalte, die das Gerät zu Anfang besitzen,
n für die Gesamtanzahl der Haushalte und
q für den Bruchteil der Haushalte, die das Gerät im Zeitintervall Δt kaufen

kann die Anzahl derjenigen Haushalte, die das Gerät besitzen, in einer Tabelle schrittweise berechnet werden (Fig. 1).

Zeitintervall	Besitzer
0	B0
Z(-1)S+1	Z(-1)S+q*(n-Z(-1)S)
Z(-1)S+1	Z(-1)S+q*(n-Z(-1)S)
↓	↓

Fig. 1

In Fig. 2 ist die Gestaltung einer solchen Tabelle wiedergegeben.

	A	B
1	Begrenztes Wachstum	
2		
3	Parameter	
4	B0	<Eingabe B0>
5	n	<Eingabe n>
6	q	<Eingabe q>
7		
8		
9	Zeitintervall	Besitzer
10	0	=B0
11	=A10+1	=B10+q*(n-B10)
12	=A11+1	=B11+q*(n-B11)
...	↓	↓

Fig. 2

Der Startwert B0 ist 0, da zu Beginn noch kein Haushalt das Gerät besitzt.

Für die Wahl der Parameter n = 200, q = 0,2, B0 = 0 ergibt sich das Diagramm in Fig. 3.

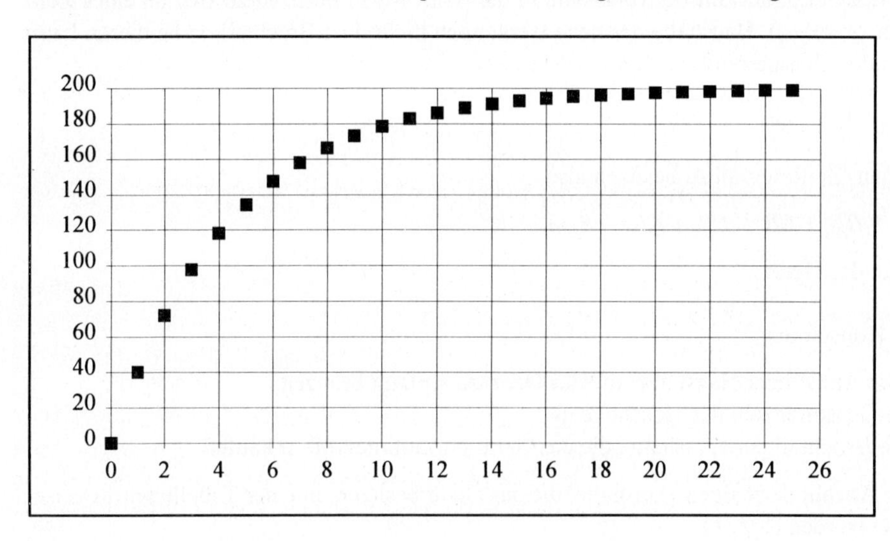

Fig. 3

Bemerkungen und Aufgaben

1. Das Diagramm in Fig. 3 zeigt im unteren Bereich einen fast linearen Verlauf. Wenn nämlich B wesentlich kleiner ist als n, ist die Differenz $n - B_{alt}$ etwa gleich n und die Änderung $\Delta B = q \cdot (n - B_{alt})$ ist etwa gleich $q \cdot n$, d.h. der Zuwachs ist konstant. Im oberen Bereich geht der Bestand asymptotisch gegen den Sättigungswert. Der Sättigungswert ist erreicht, wenn kein Zuwachs mehr erfolgt, d.h. wenn $\Delta B = 0$ ist. Was ergibt sich aus dieser Bedingung als Sättigungswert?
   Warum wird dieser Sättigungswert theoretisch nie erreicht?

2. Erstelle eine Tabelle mit den Parametern B0, n und q entsprechend Fig. 2.
   a) Nach wieviel Zeitschritten T_{halb} ist bei n = 200, q = 0,2 und B0 = 0 die Hälfte des Sättigungswertes n erreicht?
   Ermittle für n = 200 und B0 = 0 diese Zeit T_{halb} für q = 0,01; 0,02; 0,03; 0,04; 0,05; 0,06; 0,08; 0,09; 0,1.
   Zeige mit den ermittelten Werten, daß T_{halb} umgekehrt proportional zu q ist, und bestimme den Proportionalitätsfaktor.
   Untersuche mit der Tabelle, ob auch bei B0 $\neq$ 0 für die Zeit T_{halb} eine ähnliche Beziehung gelten könnte.
   b) Ergänze die Tabelle von Teilaufgabe a) durch eine weitere Spalte, in der die Änderung ΔB ausgegeben wird.
   Stelle ΔB in Abhängigkeit von der Zeit in einem Diagramm dar.
   Untersuche mit der Tabelle, bei welchem Bestand B die Änderung ΔB halb so groß ist wie am Anfang.

3. Wenn es regnet, dringt das Wasser in die obere Bodenschicht ein und versickert von hier aus in tiefere Bodenschichten. Die obere Bodenschicht erhält Zufluß durch den Niederschlag, gleichzeitig fließt aber auch durch Versickern Wasser ab. In der oberen Bodenschicht seien zu Beginn L_0 Liter pro Quadratmeter gespeichert. In jeder Stunde regne es a Liter pro Quadratmeter, gleichzeitig versickert der Bruchteil q aus der oberen Bodenschicht in tiefere Schichten. Entwickle ein Modell für den Wassergehalt in der oberen Bodenschicht (Wähle als Zeitintervalle $\Delta t = 1$ Stunde).
   (Ergebnis: $L_{neu} = L_{alt} + \Delta L = L_{alt} + a - q \cdot L_{alt}$)
   a) Erstelle für eine Regendauer von 10 Stunden eine Tabelle und ein Diagramm für die Parameterwerte L0 = 10, a = 6, q = 0,4.
   Welchen Sättigungswert kann man aus der Tabelle ablesen?
   b) Versuche durch Ändern der Werte von a und q mit Hilfe der Tabelle herauszufinden, wie der Sättigungswert von diesen Parametern a und q abhängt.
   c) Versuche ohne Tabelle herauszufinden, wie der Sättigungswert von den Parametern a und q abhängt. (Hinweis: Die Sättigung ist erreicht, wenn der Zuwachs $\Delta L = 0$ ist.)

4. Beim freien Fall im luftleeren Raum nimmt die Geschwindigkeit in jeder Sekunde um etwa 10 m/sec zu. In 0,5 Sekunden nimmt die Geschwindigkeit also um $10 \cdot 0{,}5$ m/sec

zu und in h Sekunden um $10 \cdot h$ m/sec. Die Geschwindigkeitszunahme (Änderung) Δv im Zeitintervall h ist also $10*h$. Für den Zahlenwert von v gilt damit:

$$v_{neu} = v_{alt} + \Delta v = v_{alt} + 10 \cdot h.$$

Mit den Konstanten

g für die Geschwindigkeitszunahme pro Sekunde (= 10 m/sec^2) und
h für das betrachtete Zeitintervall

gibt die Tabelle in Fig. 4 ein Verfahren zur schrittweisen Berechnung der Geschwindigkeit wieder.

k	Zeit	v
0	0	0
Z(-1)S+1	h*ZS(-1)	Z(-1)S+h*g
Z(-1)S+1	h*ZS(-1)	Z(-1)S+h*g
↓	↓	↓

Fig. 4

Beim freien Fall mit Luftwiderstand ist die Änderung für die Geschwindigkeit

$$\Delta v = (g - c \cdot v_{alt}^2) \cdot h.$$

Die Konstante c berücksichtigt den Luftwiderstand und hängt stark von der Form des fallenden Körpers ab. Für den Zahlenwert von v gilt damit:

$$v_{neu} = v_{alt} + \Delta v = v_{alt} + (g - c \cdot v_{alt}^2) \cdot h.$$

Ändere das Berechnungsschema in Fig. 4 für den Fall im lufterfüllten Raum ab.
Erstelle mit den Parametern g, c und h eine Tabelle.

a) Erstelle für den Zeitraum von 0 bis 2 Sekunden ein Diagramm für die Geschwindigkeit als Funktion der Zeit ohne Luftwiderstand und mit Luftwiderstand (g = 10, c = 0,2 und h = 0,1).
   Mit welcher Geschwindigkeit fällt der Körper bei Luftwiderstand nach einer Sekunde, nach 1,5 Sekunden, nach 2 Sekunden?
   Welche Art von Bewegung führt der Körper daher bei Luftwiderstand nach einiger Zeit aus?
b) Fallschirmspringer erreichen eine Fallgeschwindigkeiten von etwa 5 m/sec. Regentropfen erreichen etwa 8 m/sec und eine Eisenkugel 50 m/sec. Ermittle mit der Tabelle durch Ändern des Wertes von c jeweils den Wert des Parameters c (g = 10; h = 0,1).
c) Versuche ohne Tabelle eine Beziehung für die Endgeschwindigkeit bei Luftwiderstand herzuleiten. (Hinweis: Die Endgeschwindigkeit ist erreicht, wenn die Änderung $\Delta v = 0$ ist.)
   Prüfe das Ergebnis mit dem Ergebnis der Teilaufgabe b) nach.

12 Ausbreitung eines Gerüchts

Zur Untersuchung der Ausbreitung eines Gerüchts wird ein einfaches Modell entwickelt.

In einem Gebäude (Fig. 1) seien r Räume, von denen jeder mit höchstens einer Person besetzt ist. Die Gesamtanzahl der Personen im Gebäude sei n ($n \leq r$). Von den n Personen besitzen x Personen eine Information (Informationsträger). In Fig. 1 ist $r = 40$ und $n = 18$. I bezeichnet dabei jeweils eine Person, die das Gerücht kennt und U eine Person, die das Gerücht noch nicht kennt.

U		I	U			U		U	
	U		I		U			U	
U			U		I		U	U	
	U			U	I				U

$r = 40$; $n = 18$; I = Informationsträger; U = uninformierte Person

Fig. 1

Die Ausbreitung des Gerüchts wird schrittweise berechnet:
Die Zeit, in der sich das Gerücht ausbreitet, wird in gleich große Zeitintervalle Δt (etwa Stunden) eingeteilt. Innerhalb eines jeden Zeitintervalls Δt ändert sich die Anzahl der Informationsträger um Δx.

Nach einem solchen Zeitintervall Δt ist also

$$x_{neu} = x_{alt} + \Delta x.$$

Zur Berechnung der Änderung Δx legen wir folgendes Modell zu Grunde:

Ein Informationsträger I wählt zufällig einen der insgesamt r Räume, wobei auch der eigene Raum zugelassen sein soll (Fig. 1).

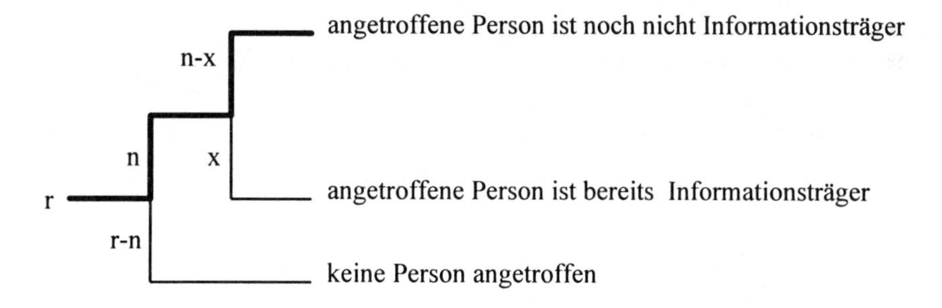

Fig. 2

In n von r Fällen (siehe Entscheidungsbaum in Fig. 2) wird er hierbei einen Raum treffen, in dem sich eine Person befindet, d.h., er trifft mit der relativen Häufigkeit n/r eine Person an. Wenn er eine Person antrifft, kann diese bereits Informationsträger sein oder nicht. In

(n - x) von n Fällen, d.h. mit einer relativen Häufigkeit von (n - x)/n ist die angetroffene Person noch kein Informationsträger (U). In einem solchen Fall wird er an diese die Information weitergeben.

Durch einen einzigen Informationsträger I nimmt also die Anzahl der Informationsträger in dem Zeitintervall Δt um

$$\frac{n}{r} \cdot \frac{n-x}{n}$$

zu. Da aber zu Beginn des Zeitintervalls Δt insgesamt x Informationsträger vorhanden sind und jeder Informationsträger wie beschrieben vorgeht, beträgt die Zunahme der Informationsträger in dem Zeitintervall Δt insgesamt

$$\Delta x = x \cdot \frac{n}{r} \cdot \frac{n-x}{n}.$$

Der Quotient n/r gibt die durchschnittliche Anzahl der Personen pro Raum an. Da dieser Quotient während des gesamten Vorgangs der Ausbreitung des Gerüchts konstant ist , bezeichnen wir ihn mit a und erhalten für die Zunahme Δx

$$\Delta x = x \cdot a \cdot \frac{n-x}{n} = a \cdot x \cdot (1 - \frac{x}{n}) \quad mit \quad 0 < a = \frac{n}{r} \leq 1,$$

wobei x die Anzahl der Informationsträger am Anfang des Zeitintervalls Δt, bzw. am Ende des vorhergehenden Zeitintervalls ist. Somit ist nach einem Zeitintervall Δt die neue Anzahl x_{neu} von Informationsträgern

$$x_{neu} = x_{alt} + \Delta x = x_{alt} + a \cdot x_{alt} \cdot (1 - \frac{x_{alt}}{n}).$$

Mit den Konstanten

n für die Gesamtanzahl der Personen,
a für die durchschnittliche Anzahl der Personen pro Raum (= n/r) und
x0 für die Anzahl der Informationsträger zu Beginn der Ausbreitung

läßt sich dieses Modell in eine Tabelle umsetzen (Fig. 3).

Zeitintervall	Anzahl der Informationsträger	Zunahme der Informationsträger
0	x0	a*ZS(-1)*(1-ZS(-1)/n)
Z(-1)S+1	Z(-1)S+Z(-1)S(1)	a*ZS(-1)*(1-ZS(-1)/n)
Z(-1)S+1	Z(-1)S+Z(-1)S(1)	a*ZS(-1)*(1-ZS(-1)/n)
↓	↓	↓

Fig. 3

In Fig. 4 ist die Gestaltung einer solchen Tabelle wiedergegeben.

	A	B	C
1	Ausbreitung eines Gerüchts		
2			
3	Parameter	n	<Eingabe n>
4		a	<Eingabe a>
5		x0	<Eingabe x0>
6			
7	Zeitintervall	Anzahl der Informationsträger	Zunahme der Informationsträger
8	0	=x0	=a*B8*(1-B8/n)
9	=A8+1	=B8+C8	=a*B9*(1-B9/n)
10	=A9+1	=B9+C9	=a*B10*(1-B10/n)
...	↓	↓	↓

Fig. 4

Bei der Wahl der Parameter a = 0,5, n = 100, x0 = 5 ergibt sich das Diagramm in Fig. 5.

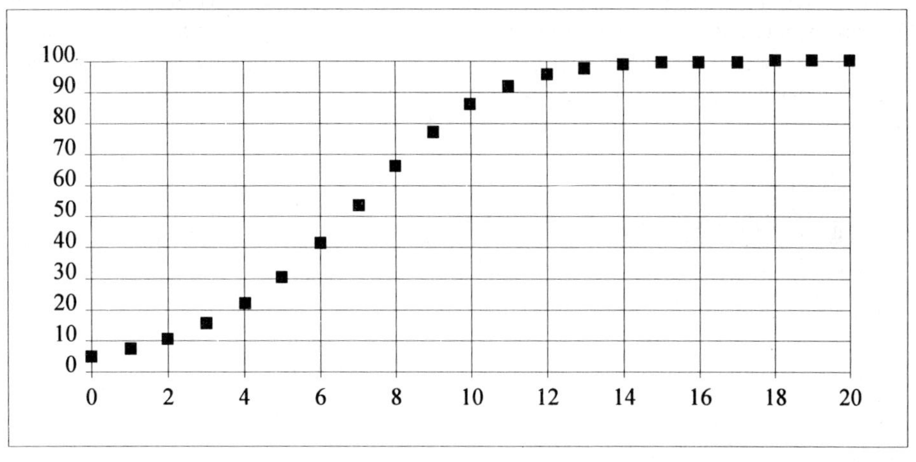

Fig. 5

Bemerkungen und Aufgaben

1. Erstelle die Tabelle in Fig. 4.
   Das Diagramm zeigt im unteren Verlauf exponentielles Verhalten. Hier überwiegt der Anteil der noch nicht Informierten. Hieran schließt sich ein nahezu linearer Teil an. Dort ist der Anteil der Informationsträger etwa so groß wie der Anteil der noch nicht Informierten. Die Kurve mündet in den sogenannten Sättigungsteil. In diesem Bereich überwiegt der Anteil der Informierten.

2. Erstelle wie in Fig. 4 eine Tabelle für die Parameterwerte n = 150, a = 0,1 (0,2; 0,3) und x0 = 10 für 90 Zeitintervalle.
   a) Untersuche mit Hilfe der Tabelle bzw. eines Diagramms, nach wieviel Zeitintervallen etwa 50% (75%; 90%) der Personen Informationsträger sind.

Untersuche mit der Tabelle, wie die Zeitdauer, bis zu der die Hälfte der Personen das Gerücht kennen, von dem Wert des Parameters a abhängt.

b) Stelle in einem gemeinsamen Diagramm die Anzahl der Informationsträger und die Zunahme der Informationsträger dar (n = 150; a = 0,1; 90 Zeitintervalle).
Zu welchem Zeitpunkt ist die Zunahme der Informationsträger am größten, wann am kleinsten?

3. In einer Firma mit 1000 Beschäftigten besteht der Betriebsrat aus 10 Mitgliedern. Montag morgens teilt die Firmenleitung in einer Sitzung dem Betriebsrat unter dem Siegel der Verschwiegenheit mit, daß die Firma umstrukturiert werden soll. An dem darauffolgenden Freitag abend wissen bereits 30 Beschäftigte der Firma von dieser geplanten Maßnahme.
   a) Bestimme unter der Annahme, daß sich das Gerücht nach der Beziehung

$$x_{neu} = x_{alt} + \Delta x = a_{alt} + a \cdot x_{alt} \cdot (1 - \frac{x_{alt}}{n})$$

   ausbreitet, mit Hilfe einer Tabelle wie in Fig. 4 die Konstante a. (Der Montag ist der erste Tag der Ausbreitung des Gerüchts.)
   b) Nach wieviel Arbeitstagen weiß die Hälfte der Betriebsangehörigen von der geplanten Maßnahme?
   Wann wissen 99% der Belegschaft von der Maßnahme?

4. Aufgrund der Definition der Größe a in unserem Modell sind nur Werte a mit $0 < a \leq 1$ sinnvoll. Trotzdem kann man die Beziehung

$$x_{neu} = x_{alt} + \Delta x = a_{alt} + a \cdot x_{alt} \cdot (1 - \frac{x_{alt}}{n})$$

auch für Werte $a > 1$ untersuchen.
Erstelle eine Tabelle (Fig. 4) mit den Parametern n, x0 und a und erzeuge für 100 Zeitschritte ein Diagramm wie in Fig. 5 für n = 1000, x0 = 10, a = 2; 2,2; 2,5; 2,55; 2,8; 3.
Was ergibt sich jeweils für die Anzahl der Informationsträger?
Läßt sich das Ergebnis mit der Realität vereinbaren?
Die Aufspaltung in 2, 4 , ... "stabile" Zustände für die Anzahl der Informationsträger nennt man auch Bifurkation. Sie spielt eine Rolle in der Chaos-Theorie (Feigenbaum-Diagramm). Eine kleine Änderung des Parameters a kann eine große Wirkung haben.

5. Bei einem anderen Weg zur Herleitung eines Modells geht man von der Überlegung aus, daß in einer Bevölkerung von P Personen jeder Informationsträger innerhalb der Zeitspanne Δt (z.B. einer Stunde) an k Personen diese Information weitergibt. Analog zu oben ergibt sich für die Anzahl x der Informationsträger nach dem Zeitintervall Δt

$$x_{neu} = x_{alt} + \Delta x = x_{alt} + x_{alt} \cdot k \cdot (\frac{P - x_{alt}}{P}).$$

Vergleiche die Gleichungen mit der Beziehung für x_{neu} in Aufgabe 3.
Erstelle für P = 100, k = 0,1; 0,2; 1;1,5; ... und x0 = 1 eine Tabelle und das Diagramm.
Untersuche, für welche Werte von k sich ähnliche Diagramme wie bei Aufgabe 4 ergeben.

13 Logistisches Wachstum

Die Annahme, daß der Zuwachs ΔB proportional zum Bestand B ist, führt zu exponentiellem Wachstum. Diese Annahme ist aber nicht in jedem Fall realistisch, wie man sich an einem einfachen Beispiel klarmachen kann.

Wenn Kaninchen auf eine Insel gebracht werden, auf der sie keine Feinde haben und auf der sie ein reichhaltiges Nahrungsangebot vorfinden, werden sie sich zunächst exponentiell vermehren. Durch die Zunahme der Kaninchenzahl sinkt aber das Nahrungsangebot, da die Kaninchen die Vegetation abfressen und diese nicht genügend schnell nachwachsen kann. Die Kaninchen können sich nicht mehr mit dem anfänglichen Zuwachsfaktor vermehren. Ein Teil der Kaninchen wird "verhungern". Die Insel bietet nur einer begrenzten Anzahl K (Sättigunsgrenze) von Kaninchen Lebensraum. Bei Annäherung an diese Sättigungsgrenze K wird der Zuwachs (die Änderung) ΔB der Kaninchen abnehmen, d.h. bei Annäherung an K geht das Wachstumsverhalten der Population in ein begrenztes Wachstum über.

Realistisch kann das Wachstum einer Population demnach im Anfangszustand - wenn der Bestand noch weit von der Sättigungsgrenze entfernt ist - als exponentielles Wachstum und im fortgeschrittenen Zustand - wenn sich der Bestand der Sättigungsgrenze nähert - als begrenztes Wachstum beschrieben werden.

Zur Beschreibung dieses Wachstumsverhaltens, des sogenannten logistischen Wachstums, machte der belgische Mathematiker Pierre François Verhulst um 1845 für den Zuwachs ΔB den Ansatz

$$\Delta B = r \cdot B \cdot (K - B).$$

Beginnt eine Population mit dem Bestand B_0, so hat sie nach dem

1. Zeitintervall den Bestand $B_1 = B_0 + r \cdot B_0 \cdot (K - B_0)$ und nach dem
2. Zeitintervall den Bestand $B_2 = B_1 + r \cdot B_1 \cdot (K - B_1)$.

Der neue Bestand B_{neu} nach einem Zeitintervall berechnet sich aus dem alten Bestand B_{alt} und der Änderung ΔB allgemein zu

$$B_{\text{neu}} = B_{\text{alt}} + r \cdot B_{\text{alt}} \cdot (K - B_{\text{alt}}).$$

Für eine genauere Analyse dieser Beziehung siehe Nr. 5 bei "Bemerkungen und Anregungen".

Mit den Konstanten

r für den Faktor, der die Geburten und die Todesfälle berücksichtigt,
B0 für die Anzahl der Individuen bei Beginn des Wachstumsprozesses und
K für die Sättigungsgrenze

läßt sich das Verfahren zur schrittweisen Berechnung der Population in einer Tabelle angeben (Fig. 1).

Zeitintervall	Änderung	Bestand
0	0	B0
Z(-1)S+1	r*Z(-1)S(+1)*(K-Z(-1)S(+1))	Z(-1)S+ZS(-1)
Z(-1)S+1	r*Z(-1)S(+1)*(K-Z(-1)S(+1))	Z(-1)S+ZS(-1)
↓	↓	↓

Fig. 1

In der ersten Spalte werden die Zeitintervalle hochgezählt. In der zweiten Spalte wird die Änderung berechnet und diese in der dritten Spate zum alten Bestand hinzuaddiert.

Die Fig. 2 zeigt eine Gestaltung der Tabelle.

	A	B	C
1	Logistisches Wachstum		
2			
3	Parameter		
4	r	<Eingabe r>	
5	K	<Eingabe K>	
6	B0	<Eingabe B0>	
7			
8	Zeitintervall	Änderung	Bestand
9	0	0	=B0
10	=A9+1	=r*C9*(K-C9)	=C9+B10
11	=A10+1	=r*C10*(K-C10)	=C10+B11
...	↓	↓	↓

Fig. 2

Im Diagramm in Fig. 3 ist für r = 0,005, K = 100 und B0 = 5 das Anwachsen der Population wiedergegeben (Karos).

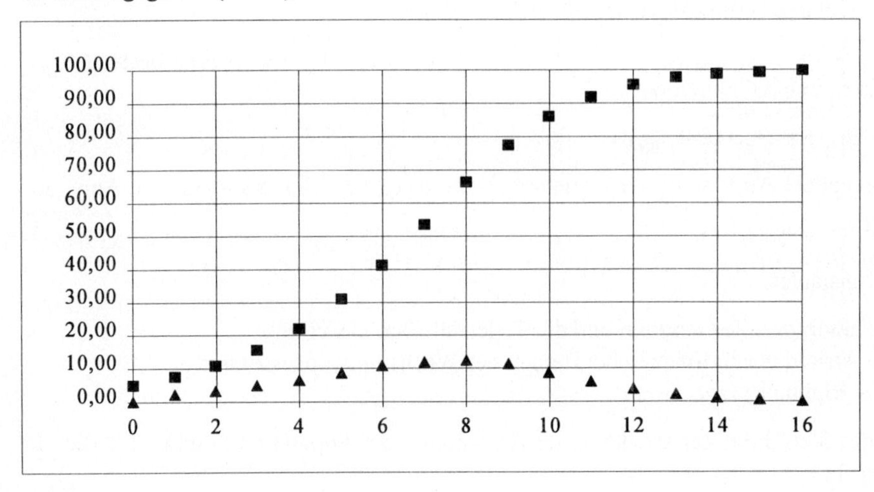

Fig. 3

Die Population wächst zunächst exponentiell an; im mittleren Teil verläuft die Kurve nahezu geradlinig; im letzten Teil verläuft die Kurve asymptotisch gegen die Sättigungsgrenze 100.

Im Diagramm ist zusätzlich die Änderung ΔB eingetragen (Dreiecke). Diese steigt vom Wert 0 bis etwa zum Wert 12 an und sinkt dann wieder auf 0 ab. Die Änderung ist etwa beim Zeitintervall 8 am größten und beim Zeitintervall 16 wieder auf nahezu 0 abgesunken. Zu diesem Zeitpunkt hat auch der Bestand die größtmögliche Zahl 100 (die Sättigungsgrenze) beinahe erreicht.

Bemerkungen und Aufgaben

1. Bei obigem Beispiel ist der Zuwachs (die Änderung) etwa dann am größten, wenn der Bestand auf den halben Sättigungswert angewachsen ist.
   a) Erstelle eine Tabelle wie in Fig. 2 und versuche zu einer Vermutung zu gelangen, für welchen Wert von B bei allgemeinem K bzw. r der Zuwachs am größten ist. Hinweis: Erstelle für K = 80; 100; 120; 180 und jeweils für r = 0,004; 0,005; 0,006 die Tabelle und das Diagramm für den Bestand und für den Zuwachs.
   b) Versuche die in Teilaufgabe a) gemachte Vermutung zu beweisen. (Hinweis: Betrachte die Änderung $\Delta B = r \cdot B \cdot (K - B)$ als Funktion von B und bestimme deren Maximum.)
   c) Untersuche mit der Tabelle, ob sich der Zeitraum, bis zu dem mindestens 99% der Sättigungsgrenze erreicht ist, verändert, wenn man die Sättigungsgrenze vergrößert?
   d) Warum kann der Sättigungswert K in einer endlichen Zeit nicht exakt erreicht werden?

2. Eine Bakterienkultur wächst nach dem logistischen Wachstumsgesetz mit $r = 0{,}02$ und bedeckt nach 10 Stunden eine Fläche von 5 cm^2. Zu Beginn bedeckte die Kultur eine Fläche von 1 cm^2. Erstelle wie in Fig. 2 eine Tabelle mit den Parametern r, K und B0.
   a) Versuche mit einer Tabelle (dem Diagramm) durch Ändern der Parameterwerte die Sättigungsgrenze zu bestimmen.
   b) In welcher Stunde ist die Änderung am größten?
   Wie groß ist diese maximale Änderung?

3. Eine Bakterienkultur wächst nach dem logistischen Wachstumsgesetz mit $r = 0{,}02$ und der Sättigungsgrenze $K = 20$ cm^2. Sie bedeckt nach 10 Stunden eine Fläche von 8 cm^2. Erstelle mit den Parametern r, K und B0 eine Tabelle entsprechend Fig. 3.
   a) Versuche mit der Tabelle durch Ändern der Parameterwerte die Fläche zu bestimmen, welche die Bakterienkultur zum Zeitpunkt 0 bedeckte.
   b) In welcher Stunde ist die Änderung am größten?
   Wie groß ist diese maximale Änderung?

4. Erstelle die Tabelle in Fig. 2.
   Wähle r = 0,005 und B0 = 5 und erstelle für K von K = 360 bis 600 in 20er Schritten das Diagramm für den Bestand.
   Von einem bestimmten Wert von K an scheint es zwei, bei größeren Werten von K sogar vier Sättigungsgrenzen zu geben. Diese Erscheinung, die in der Chaostheorie eine Rolle spielt, nennt man Bifurkation. Bei weiterem Anwachsen von K tritt "chaotisches" Verhalten ein. Für größere Werte von K versagt unser Modell. Es gibt die Realität nicht mehr wieder.

5. Der Ansatz

$$B_{neu} = B_{alt} + r \cdot B_{alt} \cdot (K - B_{alt})$$

von Pierre François Verhulst läßt sich wie folgt interpretieren: Es ist

$$B_{neu} = B_{alt} + r \cdot B_{alt} \cdot (K - B_{alt}) = B_{alt} + B_{alt} \cdot (r \cdot K - r \cdot B_{alt}).$$

Dies entspricht dem Ansatz eines exponentiellen Wachstums mit veränderlichem Änderungsfaktor $(r \cdot K - r \cdot B_{alt})$.

Für Werte von B_{alt}, die sehr klein sind im Vergleich zu K, kann dieser Faktor durch den Ausdruck $r \cdot K$ angenähert werden, und man erhält

$$B_{neu} \approx B_{alt} + B_{alt} \cdot r \cdot K. \qquad (*)$$

Die Änderung ist proportional zum Bestand, d. h. daß in diesem Fall (zu Beginn des Wachstumsprozesses) also exponentielles Wachstum vorliegt.

Für Werte von B, die sehr nahe an der Sättigungsgrenze K liegen, kann der Faktor B_{alt} durch den Wert von K angenähert werden, und man erhält

$$B_{neu} \approx B_{alt} + K \cdot (r \cdot K - r \cdot B_{alt}) = B_{alt} + r \cdot K \cdot (K - B_{alt}). \qquad (**)$$

Durch diese Beziehung wird aber gerade das begrenzte Wachstum beschrieben.

Zwischen den beiden Extremfällen $B = 0$ und $B = K$ nimmt der Änderungsfaktor $r \cdot (K - B_{alt})$ des logistischen Wachstums linear vom Wert $r \cdot K$ zum Wert 0 ab. (Der Ausdruck $r \cdot (K - B)$ stellt den Funktionsterm einer linearen Funktion in der Veränderlichen B dar.)

a) Erstelle die Tabelle von Fig. 2 mit den dort angegebenen Parameterwerten.
   Ergänze die Tabelle durch eine Spalte für das exponentielle Wachstum gemäß der Beziehung (*) und durch eine weitere Spalte für das begrenzte Wachstum nach der Beziehung (**).
b) Erstelle für die drei Wachstumsformen ein gemeinsames Diagramm, in dem der oben beschriebene Sachverhalt verdeutlicht wird.

14 Ein Leck im Schwimmbecken

Ein Schwimmbecken mit der Grundfläche 25m * 10 m und der Tiefe 2 m soll durch einen Zulauf gefüllt werden. Wenn pro Stunde 10 m^3 Wasser durch den Zulauf einfließen, steigt der Wasserspiegel in einer Stunde um 10 m^3 / 250 m^2 = 0,04 m. Das Becken wäre dann in 2/0,04 Stunden = 50 Stunden gefüllt.

Bezeichnet man den Flächeninhalt der Grundfläche mit *A* und die pro Stunde einfließende Wassermenge mit *Wzu*, so kann man die Wasserstandshöhe schrittweise berechnen.

Wenn zu Beginn die Wasserstandshöhe h_0 beträgt, ergibt sich nach einer Stunde die Höhe

$h_1 = h_0 + \Delta h = h_0 + Wzu/A$ und nach zwei Stunden die Höhe
$h_2 = h_1 + \Delta h = h_1 + Wzu/A$.

Nach *n* Stunden ist

$$h_{n+1} = h_n + \Delta h = h_n + Wzu/A. \qquad (*)$$

Am Boden des Beckens soll nun ein Leck sein, durch das Wasser abfließen kann. Die pro Stunde abfließende Wassermenge hängt von der Höhe des Wasserstandes (hydrostatischer Druck in einer Flüssigkeit) ab. Sie soll näherungsweise proportional zur Höhe *h* des Wasserstandes angenommen werden, so daß pro Stunde die Menge $\Delta V = c \cdot h$ abfließt. Dadurch sinkt der Wasserspiegel in einer Stunde um $\Delta V/A = c \cdot h/A$. Zur Berücksichtigung dieses Abflusses muß die Gleichung (*) wie folgt korrigiert werden:

$$h_{n+1} = h_n + \Delta h = h_n + Wzu/A - c \cdot h_n/A.$$

Nach jeder Stunde berechnet sich also der neue Wasserstand aus dem alten zu

$$h_{neu} = h_{\text{alt}} + \Delta h = h_{\text{alt}} + Wzu/A - c \cdot h_{\text{alt}}/A. \qquad (**)$$

Der Zuwachs (die Änderung) $\Delta h = Wzu/A - c \cdot h_{\text{alt}}/A$ des Wasserstandes hängt vom jeweiligen Wasserstand ab. Man nennt den durch die Beziehung (**) beschriebenen Wachstumsprozeß "Begrenztes Wachstum".

Mit den Konstanten

A für den Flächeninhalt der Grundfläche (in m^2),
h0 für die Wasserstandshöhe zu Beginn (in m),
Wzu für die pro Stunde zufließende Wassermenge (in m^3) und
c für die Konstante für den Abfluß durch das Leck (in m^2)

ergibt sich das Verfahren in Fig. 1 zur schrittweisen Berechnung der Wasserstandshöhe mit Hilfe einer Tabelle. (Es werden nur die Maßzahlen verarbeitet.)

Zeitintervall (Stunden)	Änderung	Wasserstand
0	0	h0
Z(-1)S+1	Wzu/A-c*Z(-1)S(+1)/A	Z(-1)S+ZS(-1)
Z(-1)S+1	Wzu/A-c*Z(-1)S(+1)/A	Z(-1)S+ZS(-1)
↓	↓	↓

Fig. 1

In der ersten Spalte werden die Zeitintervalle (hier Stunden) hochgezählt; in der zweiten Spalte wird die Änderung berechnet und diese in der dritten Spalte zum alten Wasserstand hinzuaddiert.

Fig. 2 zeigt die Gestaltung der Tabelle.

	A	B	C
1	Leck im		
2	Schwimmbecken		
3			
4	Parameter		
5	A	<Eingabe A>	
6	h0	<Eingabe h0>	
7	Wzu	<Eingabe Wzu>	
8	c	<Eingabe c>	
9			
10	Zeitintervall.(Stunden)	Änderung	Wasserstand
11	0	0	=h0
12	=A11+1	=Wzu/A-c*C11/A	=C11+B12
13	=A12+1	=Wzu/A-c*C12/A	=C12+B13
...	↓	↓	↓

Fig. 2

In Fig. 3 ist für die Parameterwerte h0 = 0, Wzu = 9, c = 5, A = 250 das Diagramm für das Ansteigen der Wasserstandshöhe wiedergegeben.

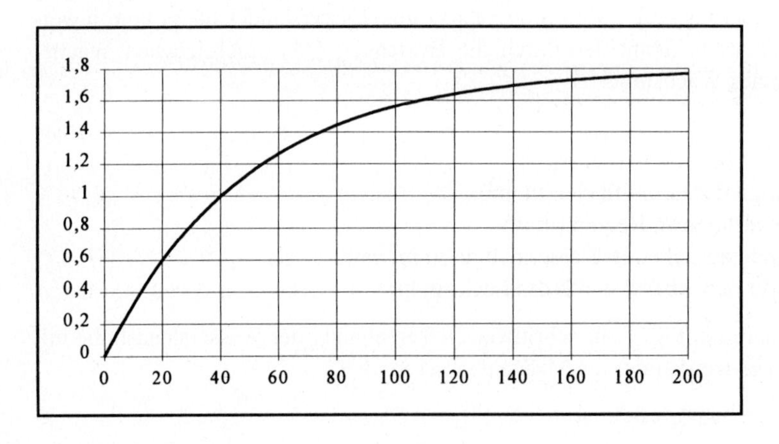

Fig. 3

Bemerkungen und Aufgaben

1. Die Änderung $\Delta h = Wzu/A - c/A \cdot h$ ist am Anfang nahezu konstant, da hier der Ausdruck $c/A \cdot h$ sehr viel kleiner ist als Wzu/A und die Differenz $Wzu/A - c/A \cdot h$ etwa so groß ist wie Wzu/A. Daher wächst die Wasserstandshöhe h zunächst linear an. Das Diagramm ist im unteren Teil annähernd eine Gerade. Mit zunehmender Wasserstandshöhe h nimmt die Änderung ab, bis ein Fließgleichgewicht (Zulaufmenge = Ablaufmenge) erreicht ist. Nach Erreichen dieses Zustands ändert sich die Wasserstandshöhe nicht mehr, da dieselbe Wassermenge ab- wie zufließt. Theoretisch wird dieser Zustand erst nach unendlich langer Zeit erreicht. Das Diagramm verläuft asymptotisch gegen eine Waagerechte.

2. Erstelle die Tabelle in Fig. 2 mit den Parametern A, h0, Wzu und c.
   Stelle für die Parameterwerte A = 250, h0 = 0, Wzu = 8 und c = 5 in einem Diagramm die Höhe h über der Zeit dar.
   a) Nach welcher Zeit ist bei diesen Parameterwerten das Becken halb voll, wenn das Becken 2 m tief ist?
   b) Welche Wasserstandshöhe stellt sich bei diesen Parameterwerten nach (unendlich) langer Zeit ein? Finde durch Verändern des Parameterwertes Wzu denjenigen Wert, bei dem sich als Wasserstandshöhe nach langer Zeit die Höhe 2 (m) einstellt.
   c) Versuche die gefundene Lösung theoretisch herzuleiten. (Hinweis: Bei der endgültigen Wasserstandshöhe herrscht Fließgleichgewicht.)
   d) Versuche mit der Tabelle herauszufinden, ob die endgültige Wasserstandshöhe von der Anfangshöhe h0 abhängt.

3. Erstelle die Tabelle in Fig. 2 mit den Parametern A, h0, Wzu und c. Stelle für die Parameterwerte A = 250, h0 = 1, Wzu = 8 und c = 5 in einem Diagramm die Höhe h über der Zeit dar.
   a) Versuche mit der Tabelle bzw. dem Diagramm herauszufinden, für welche Werte von c (bei A = 250, h0 = 1, Wzu = 8) die Wasserstandshöhe steigt bzw. fällt.
      Welche Wasserstandshöhe stellt sich bei c = 8 ein?
   b) Das Becken sei voll, d. h. h0 = 2. Nach welcher Zeit ist bei c = 5 das Becken nun halb leer, wenn kein Zufluß erfolgt?
      Versuche durch Verändern des Parameterwertes c herauszufinden, wie bei konstantem A diese "Halbzeit" von c abhängt.
      Versuche durch Verändern des Parameterwertes A herauszufinden, wie bei konstantem c diese "Halbzeit" von A abhängt.
   c) Nach welcher Zeit wäre ohne Zufluß das volle Becken (A = 250 und c = 5) zu 90% leer? Wann wäre es vollständig leer?
   d) Man kann sich vorstellen, daß das Leck so groß ist, daß alles einfließende Wasser sofort abfließt, daß also bei dem anfänglich leeren Becken der Wasserstand im Becken immer bei Null bleibt.
      Versuche bei A = 250, h0 = 0, Wzu = 8 einen Parameterwert c zu finden, für den unser Verfahren diesen Sachverhalt richtig wiedergibt.
      Wie ist das Ergebnis zu erklären?

15 Exponentielles Wachstum mit Ernte

In einer Fischzuchtanstalt leben Fische unter idealen Bedingungen, d.h. ihr Lebensraum und ihre Nahrung können als unbegrenzt angesehen werden. Die Anzahl der Fische nimmt unter diesen Bedingungen exponentiell zu. Wenn der Bestand sich in jedem Jahr um $p\%$ des Vorjahresbestandes vermehrt, gilt für den Zuwachs (die Änderung)

$$\Delta B = p/100 \cdot B_{alt}.$$

Nach jedem Jahr berechnet sich der neue Fischbestand also zu

$$B_{neu} = B_{alt} + \Delta B = B_{alt} + p/100 \cdot B_{alt}. \qquad (*)$$

Bei einer Fischzucht wird aber nun regelmäßig ein Teil der Fische abgefischt. Dies bedeutet, daß für diesen Fall die Beziehung (*) abzuändern ist, da die Änderung ΔB um den Teil vermindert werden muß, der durch das Abfischen gegeben ist. Bezeichnen wir die Menge der pro Jahr abgefischten Fische mit E, so ist die Änderung ΔB gegeben durch

$$\Delta B = p/100 \cdot B_{alt} - E.$$

Für den neuen Bestand gilt dann nach jedem Jahr

$$B_{neu} = B_{alt} + \Delta B = B_{alt} + p/100 \cdot B_{alt} - E. \qquad (**)$$

Mit den Konstanten

B0 für den Anfangsbestand,
p für jährliche Zunahme (ohne Ernte) pro Jahr in Prozent und
E für die Menge der pro Jahr abgefischten Fische

läßt sich das Verfahren zur Berechnung des Fischbestandes in einer Tabelle darstellen (Fig. 2).

Jahr	Änderung	Bestand
0	0	=B0
Z(-1)S+1	p/100*Z(-1)S(+1)-E	Z(-1)S+ZS(-1)
Z(-1)S+1	p/100*Z(-1)S(+1)-E	Z(-1)S+ZS(-1)
↓	↓	↓

Fig. 2

In der ersten Spalte werden die Zeitintervalle (Jahre) hochgezählt; in der zweiten Spalte wird die Änderung berechnet und diese in der dritten Spalte zum alten Bestand hinzuaddiert.

In Fig. 3 ist die Gestaltung der Tabelle wiedergegeben.

	A	B	C
1	Exponentielles		
2	Wachstum		
3	mit Ernte		
4			
5	Parameter		
6	B0	<Eingabe B0>	
7	p	<Eingabe p>	
8	E	<Eingabe E>	
9			
10	Jahr	Änderung	Bestand
11	0	0	=B0
12	=A11+1	=p/100*C11-E	=C11+B12
13	=A12+1	=p/100*C12-E	=C12+B13
...	↓	↓	↓

Fig. 3

Das Diagramm in Fig. 4 gibt für die Parameterwerte B0 = 500, p = 10 und E = 30 den Verlauf des Fischbestandes wieder.

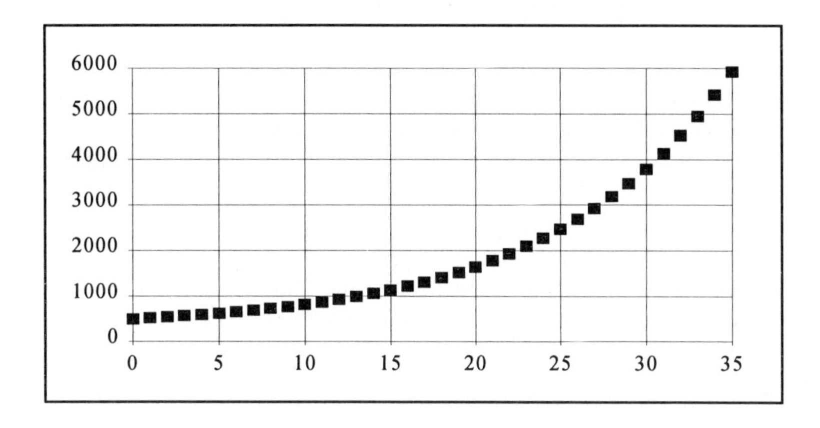

Fig. 4

Bemerkungen und Aufgaben

1. Das Diagramm in Fig. 4 zeigt, daß der Bestand trotz Ernte (Abfischen) zunimmt.
   a) Erstelle die Tabelle nach Fig. 3 und für die Parameterwerte B0= 500, p = 10 und E = 30 ein Diagramm wie in Fig. 4.
   Erhöhe die Ernte in 5er Schritten. Was ergibt sich für E = 50?
   Bei welcher Ernte stirbt der Fischbestand aus?
   b) Bei einer anfänglichen Jahresernte unter 50 ließen sich die Fangquoten in jedem Jahr erhöhen, ohne den Bestand zu gefährden. Die Ernte ist dann nicht mehr konstant sondern zeitabhängig.
   Wenn die Ernte jährlich um denselben Betrag a erhöht werden soll, muß zunächst

die neue Ernte berechnet werden, um die Beziehung (**) anwenden zu können:

$$E_{neu} = E_{alt} + a.$$

Der neue Bestand berechnet sich dann zu

$$B_{neu} = B_{alt} + \mathrm{p}/100 \cdot B_{alt} - E_{neu}$$

Mit den Konstanten

B0 für den Anfangsbestand ,
p für die jährliche Zunahme in Prozent,
E0 für die anfängliche Ernte und
a für die jährliche Zunahme der Ernte

ergibt sich somit das Berechnungsverfahren in Fig. 5.

Jahr	Ernte	Änderung	Bestand
0	0	0	B0
Z(-1)S+1	Z(-1)S+a	p/100*Z(-1)S(+1)-ZS(-1)	Z(-1)S+ZS(-1)
Z(-1)S+1	Z(-1)S+a	p/100*Z(-1)S(+1)-ZS(-1)	Z(-1)S+ZS(-1)
↓	↓	↓	↓

Fig. 5

Erstelle mit dem in Fig. 5 angegebenen Verfahren eine Tabelle zur Berechnung des Fischbestandes und für B0= 500, p = 10, E0 = 0, a = 2 ein Diagramm.
Untersuche für verschiedene Werte von a den Verlauf des Fischbestandes für B0 = 500, p = 10 und E0 = 0 .
Für welchen Wert von a stirbt der Fischbestand im 20ten Jahr aus?

2. Ein Sparer legt 50000 DM als Festgeld mit einem jährlichen Zinssatz von 5,125 % an. Die Zinsen werden monatlich berechnet und dem Kapital zugeschlagen.
   a) Erstelle eine Tabelle zur Berechnung das Kapitals einschließlich der Zinsen für die ersten 12 Monate.
   b) Am Ende des 12ten Monats hebt der Sparer 100 DM ab. Dies wiederholt er in den nächsten 11 Monaten jeweils am Ende des Monats.
   Erweitere die Tabelle von Teilaufgabe a) entsprechend.
   c) Welchen Betrag kann er nach dem 24ten Monat (von Anfang an gerechnet) an jedem Monatsende abheben, ohne daß das Kapital abnimmt?

3. Ein Sparer legt 50000 DM als Festgeld mit einem jährlichen Zinssatz von 6% an. Die Zinsen werden monatlich berechnet und ausbezahlt.
   a) Erstelle eine Tabelle zur monatlichen Berechnung das Kapitals einschließlich der Zinsen.
   b) Der Sparer hebt bereits nach dem ersten Monat und am Ende jedes folgenden Monate 1000 DM ab. Ändere die Tabelle von Teilaufgabe a) entsprechend ab.
   Wann ist das Kapital aufgezehrt?

16 Logistisches Wachstum mit Ernte

Pflanzenschädlinge können sich sehr schnell vermehren. In der ersten Phase der Entwicklung wächst eine solchen Population exponentiell. Da jedoch das Nahrungsangebot und der Lebensraum begrenzt sind, setzt von einer bestimmten Populationsgröße an begrenztes Wachstum ein. Insgesamt wächst eine solche Population logistisch.

Der Zuwachs (die Änderung) ΔB beim logistischen Wachstums ist gegeben durch

$$\Delta B = r \cdot B_{alt} \cdot (K - B_{alt}),$$

und für den neuen Bestand nach einem Zeitintervall gilt

$$B_{neu} = B_{alt} + \Delta B = B_{alt} + r \cdot B_{alt} \cdot (K - B_{alt}). \qquad (*)$$

Hierbei ist K die Sättigungsgrenze, d.h. derjenige Bestand, der auf Grund des endlichen Nahrungsangebots und der Begrenzung des Lebensraumes als maximaler Bestand möglich ist und nach "unendlich" langer Zeit erreicht wird.

Wenn die Schädlinge bekämpft werden, wird der Population in jedem Zeitintervall eine bestimmte Anzahl E entzogen. In diesem Fall muß die Änderung ΔB und damit die Gleichung (*) abgeändert werden zu

$$B_{neu} = B_{alt} + r \cdot B_{alt} \cdot (K - B_{alt}) - E. \qquad (**)$$

Mit den Konstanten

B0 für den Anfangsbestand,
r für den Faktor des logistischen Wachstums,
K für die Sättigungsgrenze und
E für die Ernte

läßt sich das Verfahren zur Berechnung des Bestandes in einer Tabelle darstellen (Fig. 1).

Zeitintervall	Änderung	Bestand
0	0	=B0
Z(-1)S+1	=r*Z(-1)S(+1)*(K-Z(-1)S(+1))-E	=Z(-1)S+ZS(-1)
Z(-1)S+1	=r*Z(-1)S(+1)*(K-Z(-1)S(+1))-E	=Z(-1)S+ZS(-1)
↓	↓	↓

Fig. 1

In der ersten Spalte werden die Zeitintervalle hochgezählt, in der zweiten Spalte wird die Änderung berechnet und diese in der dritten Spalte zum alten Bestand hinzuaddiert.

Fig. 2 zeigt eine Gestaltung der Tabelle.

	A	B	C
1	Logistisches	Wachstum mit Ernte	
2			
3	Parameter		
4	B0	<Eingabe B0>	
5	r	<Eingabe r>	
6	K	<Eingabe K>	
7	E	<Eingabe E>	
8			
9	Zeitintervall	Änderung	Bestand
10	0	0	=B0
11	=A10+1	=r*C10*(K-C10)-E	=C10+B11
12	=A11+1	=r*C11*(K-C11)-E	=C11+B12
...	↓	↓	↓

Fig. 2

Fig. 3 zeigt die Diagramme für B0 = 5 und r = 0,005 für die beiden Parameterwerte E = 1 (Karos) und E = 2 (Dreiecke).

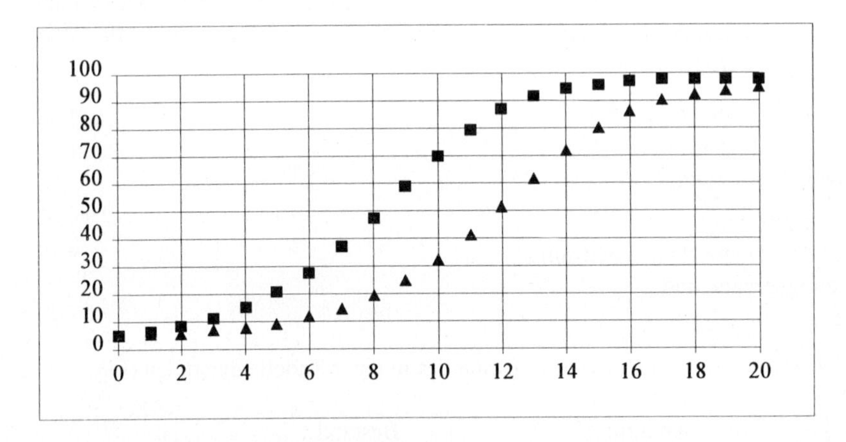

Fig. 3

Bemerkungen und Aufgaben

1. Die beiden Diagramme in Fig. 3 zeigen trotz Ernte den typischen Verlauf des logistischen Wachstums. Die Zeit, nach der 50% des Sättigungswertes erreicht werden, hängt jedoch auch von der Ernte ab.
   a) Erstelle mit den Parametern B0, r, K und E die Tabelle in Fig. 2. Untersuche mit der Tabelle, wie die Zeit, nach der 50% der Sättigung erreicht sind, von der Ernte E abhängt (wähle B0 = 5, r = 0,005, K = 100).
   b) Wenn die Ernte E zu groß ist, stirbt die Population aus. Bei welcher Ernte ist dies bei unserem Beispiel der Fall?

2. Eine Walherde besteht aus 1000 Walen. Die Lebensbedingungen (Nahrungsangebot, Platzangebot) lassen einen maximalen Bestand von K = 10000 Walen zu. Nach Ablauf des 5ten Jahres werden 1850 Wale gezählt. Für die Vermehrung der Wale wird logistisches Wachstum angenommen.
   a) Erstelle mit den Parametern B0, r und K die Tabelle in Fig. 2 und versuche den Faktor r so zu wählen, daß sich das in der Aufgabenstellung beschriebene Wachstum ergibt.
   b) Wieviel Wale leben nach 10 Jahren in der Herde, wenn der Faktor r in der Beziehung (*) 0,000015 beträgt? Wann ist die Zunahme der Walherde am größten?
   c) Wann ist für r=0,000015 mindestens 50% (90%) des maximalen Bestandes erreicht?
   d) Bereits nach Ablauf des ersten Jahres und in jedem weiteren Jahr werden 50 Wale gefangen. Nach wieviel Jahren ist bei dieser Fangquote für r = 0,000015 die Herde auf 50% (90%) des maximalen Wertes von 10000 Walen angewachsen ?
   In welchem Jahr ist die Zunahme der Walherde am größten?
   e) Bei welcher Fangquote (gefangene Wale pro Jahr) erreicht die Herde für
   r = 0,000015 in der doppelten Zeit wie ohne Walfang 50% (90%) des maximal mögliches Bestandes von 10000 Walen ?
   f) Untersuche die Entwicklung der Walherde bei dem Anfangswert B0 = 1000 und der Ernte E = 100 für die Faktoren r= 0,00005; 0,0001; 0,00015; 0,0002; 0,00025; 0, 00027; 0,00028; 0,0003. (Hinweis: siehe Nr. 4, "Bemerkungen und Aufgaben" bei "Logistisches Wachstum".)

3. Beim Schwammspinner handelt es sich um einen Schädling, der ganze Wälder kahl fressen kann. Daher wird die Entwicklung dieses Schädlings sehr sorgfältig beobachtet. Beim ersten Auftreten von Schwammspinnern werden daher im Verlauf des Winters die Anzahl der Gelege an den Bäumen gezählt. Bei einer solchen Zählung ergaben sich auf einem Hektar Wald in vier aufeinander folgenden Jahren 99; 200; 395 und 755 Gelege (gezählt an den unteren 4 Metern der Baumstämme).
   a) Versuche unter der Annahme logistischen Wachstums mit Hilfe einer Tabelle den Faktor r (auf 5 Nachkommastellen genau) und die Sättigungsgrenze K in der Beziehung $\Delta B = r*B*(K - B)$ zu bestimmen.
   b) Wann wäre bei obigen Schwammspinnern die Sättigungsgrenze zu 90% erreicht?
   c) Welcher Sättigungswert stellt sich für $r = 0,00035$ bei obiger Population ein, wenn durch natürliche Feinde in jedem Jahr 10 Prozent des Vorjahresbestandes vernichtet wird?
   d) Die Bäume können absterben, wenn sie in zwei aufeinanderfolgenden Jahren kahlgefressen werden (Dies wäre z.B. der Fall, wenn die Population die Sättigungsgrenze erreicht.). Deshalb greifen manche Waldbesitzer zu Bekämpfungsmaßnahmen, wenn die Anzahl von Gelegen einen kritischen Wert von etwa 1600 Gelegen pro Hektar überschreitet (gezählt an den unteren 4 Metern der Baumstämme; bei einem Baumbestand von etwa 400 Bäumen pro Hektar).
   In welchem Jahr muß für $r = 0,00035$ die Bekämpfung bei obiger Population einsetzen? Wieviel Prozent der Population müssen nach dem 5ten Jahr in jedem Jahr durch natürliche Feinde oder durch Bekämpfungsmaßnahmen ungefähr absterben, damit der kritische Wert für die Gelege nicht überschritten wird?

17 Exponentielles Wachstum mit zeitabhängiger Wachstumsrate

In manchen Entwicklungsländern wächst die Bevölkerung jährlich um 2 bis 3 Prozent. Bei gleichbleibender medizinischer Versorgung und ohne Familienplanung liegt somit ein exponentielles Wachstum mit dem jährlichen Zuwachs (der Änderung) $\Delta B = 0{,}03 \cdot B$ vor.

Die Bevölkerungszahl am Ende eines Jahres berechnet sich dann aus der Bevölkerungszahl des Vorjahres nach

$$B_{neu} = B_{alt} + \Delta B = B_{alt} + r \cdot B_{alt} \text{ mit } r = 0{,}03. \qquad (*)$$

Der Änderungsfaktor r ist unter diesen Voraussetzungen in jedem Jahr der gleiche.In vielen Staaten versuchen die Regierungen die Geburtenrate zu senken. Der Änderungsfaktor r ist dann nicht mehr konstant. Wenn die Maßnahmen erfolgreich sind, wird er von Jahr zu Jahr kleiner. Eine einfache Annahme ist, daß der Faktor r in jedem Jahr um den gleichen Betrag abnimmt. Für die Änderung gilt dann

$$\Delta B = (r - c) \cdot B.$$

Die Beziehung (*) muß in diesem Fall abgeändert werden in

$$B_{neu} = B_{alt} + \Delta B = B_{alt} + (r_{alt} - c) \cdot B_{alt}.$$

Mit den Konstanten

B0 für die anfängliche Bevölkerungszahl,
r0 für den anfänglichen Änderungsfaktor und
c für die jährliche Abnahme des Änderungsfaktors

läßt sich für dieses Modell das Berechnungsverfahren für die Bevölkerungszahl in einer Tabelle darstellen (Fig. 1).

Jahr	Änderungsfaktor	Änderung	Bestand
0	r0	0	B0
Z(-1)S+1	Z(-1)S	ZS(-1)*Z(-1)S(+1)	Z(-1)S+ZS(-1)
Z(-1)S+1	Z(-1)S-c	ZS(-1)*Z(-1)S(+1)	Z(-1)S+ZS(-1)
Z(-1)S+1	Z(-1)S-c	ZS(-1)*Z(-1)S(+1)	Z(-1)S+ZS(-1)
↓	↓	↓	↓

Fig. 1

In der ersten Spalte werden die Zeitintervalle (Jahre) hochgezählt; in der zweiten Spalte wird der neue Änderungsfaktor berechnet; in der dritten Spalte wird die Änderung berechnet und diese in der vierten Spalte zum alten Bestand hinzuaddiert.

In Fig. 2 ist die Gestaltung der Tabelle wiedergegeben.

	A	B	C	D
1	Expon. Wachstum mit zeitabhängiger Wachstumsrate			
2				
3	Parameter			
4	B0	<Eingabe B0>		
5	r0	<Eingabe r0>		
6	c	<Eingabe c>		
7				
8	Jahr	Änderungsfaktor	Änderung	Bestand
9	0	=r0	0	=B0
10	=A9+1	=B9	=B10*D9	=D9+C10
11	=A10+1	=B10-c	=B11*D10	=D10+C11
12	=A11+1	=B11-c	=B12*D11	=D11+C12
...	↓	↓	↓	↓

Fig. 2

Mit den Parameterwerten B0 = 100 (z.B. Millionen), r0 = 0,1 und c = 0,001 ergibt sich der Verlauf in Fig. 3 (Karos). Zum Vergleich ist der Verlauf mit c = 0 eingetragen (Dreiecke).

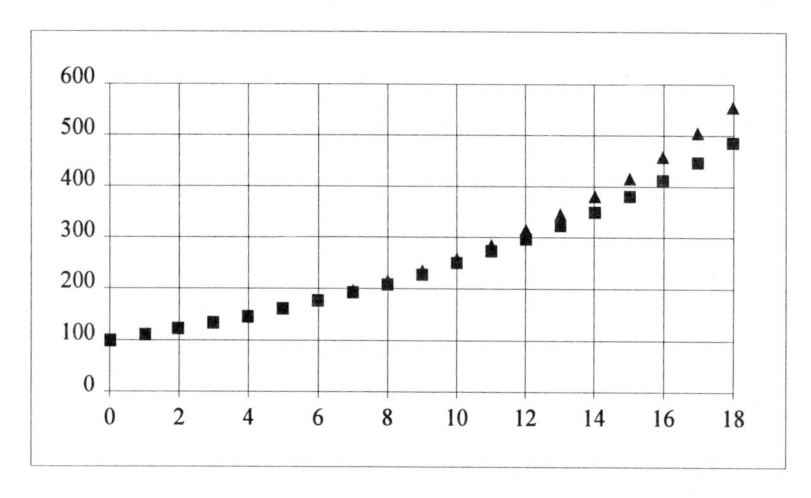

Fig. 3

Bemerkungen und Anregungen

1. Auf Grund der beiden Diagramme in Fig. 3 könnte man vermuten, daß auch bei einer Abnahme des Faktors r immer noch exponentielles Wachstum vorliegt.
   a) Erstelle die Tabelle in Fig. 2 und untersuche, ob diese Vermutung zutrifft. (Anregung: Verlängere unter Beibehaltung obiger Parameterwerte den Beobachtungszeitraum und erstelle ein Diagramm.)

b) Begründe, warum bei der obigen Annahme über die Veränderung von r von einem bestimmten Zeitpunkt an der Bestand abnimmt. Welcher Zeitpunkt ist dies bei den gegebenen Parameterwerten?
c) Untersuche mit der Tabelle, wie der Zeitpunkt, von dem an die Bevölkerung abnimmt, von den Konstanten c und r0 abhängt. Begründe die Vermutung.

2. Pakistan hatte 1992 130,1 Millionen Einwohner bei einer Bevölkerungszunahme von 2,8% pro Jahr. Erstelle eine Tabelle wie in Fig. 2 und für c = 0 ein Diagramm.
   a) Wieviel Einwohner hätte Pakistan bei gleichbleibenden Bedingungen im Jahre 2010?
   b) Wieviele Einwohner hätte Pakistan im Jahre 2010, wenn durch Maßnahmen zur Familienplanung die prozentuale Bevölkerungszunahme ab 1994 jährlich um 0,05 gesenkt werden würde?
   c) Um wieviel müßte die prozentuale Bevölkerungszunahme ab 1994 jährlich sinken, um im Jahre 2010 eine Einwohnerzahl von höchstens 180 Millionen zu haben?
   d) Welcher Verlauf der Bevölkerungszahl ergibt sich, wenn ab 1994 die prozentuale Bevölkerungszunahme jährlich um 0,3 sinkt? Wie läßt sich der Verlauf erklären?

3. Die Bundesrepublik Deutschland hatte 1991 eine Einwohnerzahl von etwa 79 Millionen und einen Bevölkerungszuwachs (Geburten und Todesfälle, ohne Zuwanderung) von jährlich - 0,1%. Die Bevölkerung nahm also im Jahr etwa um 0,1% ab. Erstelle eine Tabelle wie in Fig. 2 (c = 0) und ein Diagramm.
   a) Wie groß wäre die Bevölkerung der Bundesrepublik bei gleichbleibenden Bedingungen im Jahre 2010 ohne Zuwanderung?
   b) Durch steuerliche Entlastungen kinderreicher Familien will man erreichen, daß die Bevölkerungszahl der Bundesrepublik nicht weiter abnimmt. Wie groß wäre die Einwohnerzahl im Jahre 2010, wenn diese Maßnahmen ab 1992 greifen und der prozentuale jährliche Bevölkerungszuwachs dadurch um 0,01 zunimmt?
   Erstelle ein Diagramm und erkläre seinen Verlauf.

4. Bei dem oben entwickelten Modell nahm der Änderungsfaktor jährlich um einen konstanten Betrag c ab. Eine andere Möglichkeit wäre, daß der Änderungsfaktor sich jährlich um einen bestimmtem Prozentsatz seines alten Wertes ändert. Wenn der Änderungsfaktor z.B. jährlich um 10% abnimmt, wäre dann $r_{neu} = 0{,}9 \cdot r_{alt}$.
   a) Erstelle entsprechend Fig. 2 eine Tabelle mit den Parametern B0, r0, und f (für den Faktor in $r_{neu} = f \cdot r_{alt}$, $0 < f < 1$)
   b) Erstelle ein Diagramm für die Entwicklung des Bestanden einer Population für 30 Jahre (B0 = 100, r0 = 0,1, f = 0,8).
   c) Nimmt bei dieser Annahme der Bestand zu irgend einem Zeitpunkt ab oder steigt er beständig an?
   Versuche, die Vermutung zu beweisen.

18 Volkswirtschaft

Innerhalb eines Rechnungszeitraums (z.B. Jahr, Monat) wird in einem Staat durch alle wirtschaftlichen Vorgänge das Volkseinkommen (das Bruttosozialprodukt) erwirtschaftet. Dieses ist in der Regel in jedem Rechnungszeitraum ein anderes, es ist eine Funktion der Zeit.
Dem Volkseinkommen $Y(t)$, $t \in N_0$ stehen die gesamten Ausgaben gegenüber. Diese Gesamtausgaben werden unterteilt in:

- Autonome Ausgaben $A(t)$
  Das sind Ausgaben, die vom Volkseinkommen unabhängig sind, die also auf jeden Fall anfallen (z.B. Ausgaben für den Regierungsapparat, zur Erhaltung von Gebäuden und Straßen etc.).
- Konsumausgaben $C(t)$
  Diese Ausgaben richten sich nach dem Volkseinkommen. Der Konsum wird um so größer sein, je größer das Volkseinkommen ist.
- Investitionsausgaben $I(t)$
  Das sind Ausgaben für Investitionen (zur Anschaffung von neuen Produktionsmitteln, zum Neubau von Straßen etc.). $I(t)$ richtet sich nach der Einkommenssituation.

Je nachdem, welche Annahmen man für die oben genannten Ausgaben $A(t)$, $C(t)$ und $I(t)$ macht, erhält man ein anderes Modell der Volkswirtschaft. Der Wirtschaftswissenschaftler Samuelson entwickelte 1939 die typische Grundform eines Oszillationsmodells der Volkswirtschaft. Nach ihm macht man für $A(t)$, $C(t)$ und $I(t)$ den folgenden Ansatz:

- $A(t)$ ist zeitlich konstant, also $A(t) = c$, $c \in R^+$, für alle $t \in N_0$.
- $C(t)$ hängt vom Volkseinkommen des vorhergehenden Rechnungszeitraums ab. Im einfachsten Fall ist $C(t) = a \cdot Y(t-1)$, $a \in R^+$, für alle $t \in N$. Die Konsumausgaben sind danach proportional zum Volkseinkommen, allerdings mit einer Zeitverschiebung ("Lag") von einem Rechnungszeitraum.
  $I(t)$ ist proportional zur Konsumsteigerung, also proportional zur Zunahme des Konsums gegenüber dem vorhergehenden Rechnungszeitraum, d.h. $I(t) = b \cdot (C(t) - C(t-1))$, $b \in R^+$, für alle $t \in N$.

Wenn wir davon ausgehen, daß das gesamte Volkseinkommen $Y(t)$ ausschließlich für diese drei Ausgaben verwendet wird, d.h. wenn

$$Y(t) = A(t) + C(t) + I(t) \tag{0}$$

ist, läßt sich der Ansatz

$$A(t) = c,\ c \in R^+, \text{ für alle } t \in N_0, \tag{1}$$
$$C(t) = a \cdot Y(t-1),\ a \in R^+, \text{ für alle } t \in N, \tag{2}$$
$$I(t) = b \cdot (C(t) - C(t-1)),\ b \in R^+, \text{ für alle } t \in N \tag{3}$$

folgendermaßen zusammenfassen:

Aus (3) und (2) folgt:

$$I(t) = b \cdot (a \cdot Y(t-1) - a \cdot Y(t-2)) = a \cdot b \cdot (Y(t-1) - Y(t-2)). \qquad (3')$$

Mit (0) ergibt sich für $Y(t)$

$$Y(t) = (a + a \cdot b) \cdot Y(t-1) - a \cdot b \cdot Y(t-2) + c. \qquad (4)$$

In dieser Beziehung beschreiben die Konstanten a, b, c volkswirtschaftliche Größen wie z. B. die Höhe des Steuersatzes, die Konsumneigung der Bürger, ihr Sparverhalten usw.

Mit den Konstanten

a, b, c sowie
Y0 für das Volkseinkommen im Rechnungszeitraum 0 und
Yeins für das Volkseinkommen im Rechnungszeitraum 1 (Y1 wird nicht von allen Tabellenkalkulationsprogrammen als Bezeichner akzeptiert.)

läßt sich die Beziehung (4) benützen, um das Bruttosozialprodukt in einer Tabelle schrittweise zu berechnen. Fig. 1 zeigt das Verfahren

Rechnungszeitraum t	Y(t)
0	Y0
Z(-1)S+1	Yeins
Z(-1)S+1	(a+a*b)*Z(-1)S-a*b*Z(-2)S+c
Z(-1)S+1	(a+a*b)*Z(-1)S-a*b*Z(-2)S+c
↓	↓

Fig. 1

In der ersten Spalte wird der Rechnungszeitraum hochgezählt. In der zweiten Spalte wird aus den Werten der beiden vorhergehenden Jahren mit Hilfe der Beziehung (4) der Wert von Y(t) berechnet. Die Fig. 2 zeigt die Gestaltung der Tabelle.

	A	B
1	Volkswirtschaft	
2		
3	Parameter	
4	a	<Eingabe a>
5	b	<Eingabe b>
6	c	<Eingabe c>
7	Y0	<Eingabe Y0>
8	Yeins	<Eingabe Yeins>
9		
10	Rechnungszeitraum t	Y(t)
11	0	=Y0
12	=A11+1	=Yeins
13	=A12+1	=(a+a*b)*B12-a*b*B11+c
14	=A13+1	=(a+a*b)*B13-a*b*B12+c
...	↓	↓

Fig. 2

Mit der Tabelle in Fig. 2 kann nun untersucht werden, wie für verschiedene Werte der Parameter a, b und c bzw. Y0 und Yeins die Entwicklung des Volkseinkommens verläuft. Da bei diesem Modell die autonomen Kosten konstant sind, können wir diese als Maßeinheit für die Ausgaben wählen, indem wir c = 1 setzen.

In Fig. 3 ist das betreffende Diagramm für a = 0,95; b = 1; c=1; Y0 = 8 und Yeins = 9 wiedergegeben.

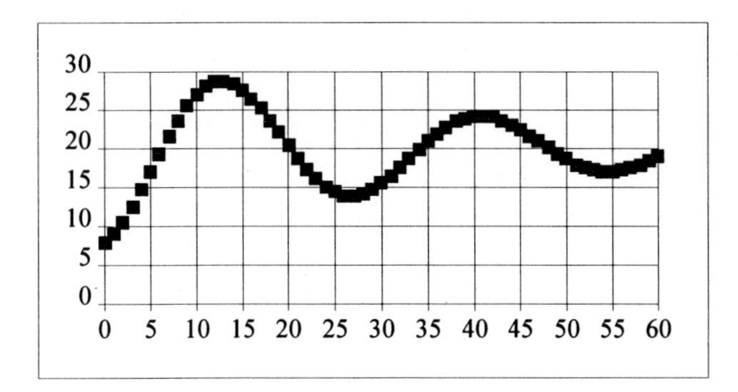

Fig. 3

Bemerkungen und Aufgaben

1. Das Diagramm in Fig. 3 zeigt die in einer Volkswirtschaft typischen Konjunkturschwankungen. In der Realität wird dieser Verlauf aber nicht über mehrere Perioden hinweg anhalten, da sich das Konsumverhalten und die Investitionsbereitschaft der Bürger schon nach relativ kurzer Zeit ändern können. Über längere Zeiträume hinweg sind die Parameterwerte a und b nicht konstant.

2. Erstelle die Tabelle in Fig. 2.
   Je nach Wahl der Parameter a, b und c ergibt sich ein anderer Verlauf für das Bruttosozialprodukt Y(t). In den Teilaufgaben a) bis d) sind vier typische, nach diesem Modell mögliche Fälle für die Entwicklung des Volkseinkommens aufgezeigt. Erstelle jeweils ein Diagramm für 30 Rechnungszeiträume.
   Welches Verhalten der Bevölkerung bzw. der Wirtschaft kommt in den verschiedenen Parameterwerten jeweils zum Ausdruck?
   a) a = 0,75; b= 0,25; (c = 1; Y0 = 8; Yeins = 9)
      Die Anfangswerte Y0 und Yeins haben nur eine geringe Auswirkung auf die Entwicklung des Volkseinkommens. Y(t) stabilisiert sich (asymptotisch) bei 1/(1-a).
   b) a = 0,75; b = 1; (c = 1; Y0 = 8; Yeins = 9)
      Y(t) pendelt sich unabhängig von Y0 und Yeins (asymptotisch) auf 1/(1 - a) ein.
   c) a = 1; b = 0,5; (c = 1; Y0 = 8; Yeins = 9)
      Y(t) steigt nach einem gewissen Zeitraum linear an.
   d) a = 1; b = 1; (c = 1; Y0 = 8; Yeins = 9)
      Y(t) steigt quadratisch an.

3. Erstelle eine Tabelle für die Entwicklung des Bruttosozialprodukts. Benütze jedoch nicht die Gleichung (4), sondern die vier ursprünglichen Gleichungen (0), (1), (2), (3). Stelle für 30 Rechnungszeiträume in einem gemeinsamen Diagramm die Größen A(t), C(t), I(t) und Y(t) dar (c = 1; Y0 = 8; C0 = 0).
   Untersuche, ob sich gegenüber Aufgabe 2 ein Unterschied ergibt.
   a) a = 0,75; b = 0,25 b) a = 0,75; b = 1
   c) a = 1; b = 0,5 d) a = 1; b = 1

4. Nach dem Volkswirtschaftler Hicks (1937) wird das Bruttosozialprodukt $Y(t)$ zu Konsumausgaben $C(t)$ und Investitionsausgaben $I(t)$ verwendet. Die autonomen Ausgaben werden mit in die Konsumausgaben einbezogen (Konstante a). Er macht für $C(t)$ und $I(t)$ den Ansatz

   $$C(t) = a + b_1 \cdot Y(t-1) + b_2 \cdot Y(t-2),\ a, b_1, b_2 \in R^+,\ t \in N \backslash \{1\},$$
   $$I(t) = I(0) + c \cdot t,\ t \in N_0.$$

   Diese beiden Gleichungen führen mit $Y(t) = C(t) + I(t)$ auf die Beziehung

   $$Y(t) = b_1 \cdot Y(t-1) + b_2 \cdot Y(t-2) + c \cdot t + I(0) + a.$$

   Erstelle eine Tabelle zur Berechnung des Bruttosozialprodukts nach diesem Modell. Erstelle für 30 Rechnungszeiträume das Diagramm für die Parameterwerte
   a = 1; b_1 = 0,1; b_2 = 0,2; c = 0,25; I0 = 0,5; Y0 = 6; Yeins = 4.
   Interpretiere den Verlauf des Diagramms.

5. Beim Multiplikatormodell gibt es nur autonome Investitionen, d.h. es ist

   $$Y(t) = C(t) + A(t).$$

   Für die Konsumausgaben $C(t)$ kann man die Annahme machen, daß sie proportional zum Bruttosozialprodukt des vorhergehenden Rechnungszeitraums sind (dynamisches Modell):

   $$C(t) = a \cdot Y(t-1),\ a \in]0;1[\ .$$

   Die autonomen Investitionen $A(t)$ sollen konstant sein:

   $$A(t) = c,\ c \in R^+.$$

   Erstelle mit den Parametern a, c und Y0 eine Tabelle zur Berechnung des Bruttosozialprodukts. Erstelle für 30 Rechnungszeiträume für a = 0,5; c = 1; Y0 = 5 ein Diagramm.
   Das Bruttosozialprodukt verläuft asymptotisch gegen eine Konstante K.
   Untersuche mit der Tabelle bzw. mit dem Diagramm, wie diese Konstante K bei festem Wert von a von dem Parameter c abhängt, bzw. wie diese Konstante K bei festem c von dem Parameter a abhängt.

19 Räuber-Beute-Modell

In den meisten Regionen der Erde ist die Nahrungskette der verschiedenen Tierarten ein sehr komplexes Gefüge. Jeder Räuber frißt mehre Beutearten, und jede Beuteart dient mehreren Räuberarten als Nahrung. Relativ einfach wird die Untersuchung nur bei artenarmen Ökosystemen. Ein solches Ökosystem besteht auf Neufundland mit nur 14 heimischen Säugetierarten. Dort stellte man bei der Anzahl der Luchse (Räuber), der Arktischen Schneehasen (Beute), der Schneeschuhhasen (Beute) und der Karibus (Beute) periodische Schwankungen fest. Die Anzahl der von der Hudson's Bay Company gefangenen Hasen und Luchse schwankte von 1850 bis 1900 periodisch im Zehnjahresrythmus.

Die mathematische Begründung für diese Schwankungen lieferten in den 20er Jahren die Mathematiker Lotka und Volterra. Das von ihnen entwickelte Modell behandelt nur den einfachsten Fall, daß eine Räuberart sich ausschließlich von einer Beuteart ernährt und diese wiederum nur von der betrachteten Räuberart gefressen wird. Das Modell läßt sich durch folgende Überlegungen herleiten:

Angenommen zu einem bestimmten Zeitpunkt sei die Anzahl der Hasen gleich H und die Anzahl der Luchse gleich L. In dem folgenden Zeitabschnitt Δt wird die Menge der Hasen durch Fortpflanzung zunehmen mit einem Zunahmefaktor f_{zuH}. Dieser Faktor berücksichtigt bereits den Abgang durch natürlichen Tod. Der Zuwachs (die Änderung) ΔH der Hasen wäre also $\Delta H = f_{zuH} \cdot H$; die Entwicklung der Hasen verliefe exponentiell.

Im gleichen Zeitintervall Δt wird aber ein Teil der Hasen von den Luchsen gefressen. Die Zahl der gefressenen Hasen läßt sich über die Anzahl der möglichen Begegnungen von Hasen und Luchsen erklären. Je mehr Begegnungen von Hasen und Luchsen stattfinden, desto mehr Hasen werden gefressen. Bei H Hasen und L Luchsen sind aber gerade $H \cdot L$ Begegnungen möglich. Die Anzahl der gefressenen Hasen ist deshalb proportional zum Produkt $H \cdot L$. Mit f_{abH} als Proportionalitätsfaktor ist die gesamte Änderung der Anzahl der Hasen in dem Zeitintervall Δt

$$\Delta H = f_{zuH} \cdot H - f_{abH} \cdot H \cdot L,$$

und nach dem Zeitintervall Δt gilt für die Anzahl der Hasen

$$H_{neu} = H_{alt} + \Delta H = H_{alt} + f_{zuH} \cdot H - f_{abH} \cdot H \cdot L.$$

Die Anzahl der Luchse ändert sich in dem betrachteten Zeitintervall Δt um ΔL. Der Zuwachs der Luchse ist proportional zur Anzahl der vorhandenen Luchse und, da ein höheres Nahrungsangebot eine höhere Geburtenanzahl mit sich bringt, auch proportional zur Anzahl der vorhandenen Hasen, also insgesamt proportional zum Produkt $L \cdot H$. Gleichzeitig wird im Zeitintervall Δt ein Teil der Luchse sterben (Feinde haben sie keine.). Die Anzahl der sterbenden Luchse ist proportional zu Anzahl der vorhandenen Luchse. Damit ist die gesamte Änderung der Luchse

$$\Delta L = f_{zuL} \cdot H \cdot L - f_{abL} \cdot L,$$

und nach dem Zeitintervall Δt ist die neue Anzahl der Luchse

$$L_{neu} = L_{alt} + \Delta L = L_{alt} + f_{zuL} \cdot H \cdot L - f_{abL} \cdot L.$$

Die beiden Populationen entwickeln sich also nach den beiden Beziehungen

$$H_{neu} = H_{alt} + \Delta H = H_{alt} + f_{zuH} \cdot H - f_{abH} \cdot H \cdot L,$$
$$L_{neu} = L_{alt} + \Delta L = L_{alt} + f_{zuL} \cdot H \cdot L - f_{abL} \cdot L.$$

Die Entwicklung der beiden Populationen ist durch das Glied mit dem Produkt $H \cdot L$ gekoppelt. Ohne dieses Glied würde die Anzahl der Hasen exponentiell zunehmen, während die Anzahl der Luchse exponentiell abnehmen würde.

Mit den Konstanten

H0 für die Anzahl der Hasen zu Beginn,
fzuH für den Zunahmefaktor der Hasen durch Fortpflanzung (einschl. natürlichem Tod),
fabH für den Abnahmefaktor der Hasen durch Gefressenwerden,
L0 für die Anzahl der Luchse zu Beginn,
fzuL für den Zunahmefaktor der Luchse durch Fortpflanzung und
fabL für den Faktor, der die Abnahme der Luchse durch natürlichen Tod beschreibt

läßt sich das Verfahren zur Berechnung der beiden Populationen in einer Tabelle darstellen (Fig. 1).

Zeitintervall	Änderung Ha	Hasen	Änderung Lu	Luchse
0		H0		L0
Z(-1)S+1	(Ausdruck1)	(Ausdruck2)	(Ausdruck3)	(Ausdruck4)
Z(-1)S+1	(Ausdruck1)	(Ausdruck2)	(Ausdruck3)	(Ausdruck4)
↓	↓	↓	↓	↓

Hierbei steht
(Ausdruck1) für den Term fzuH*Z(-1)S(+1)-fabH*Z(-1)S(+1)*Z(-1)S(+3)
(Ausdruck2) für den Term Z(-1)S+ZS(-1)
(Ausdruck3) für den Term fzuL*Z(-1)S(-1)*Z(-1)S(+1)-fabl*Z(-1)S(+1)
(Ausdruck4) für den Term Z(-1)S+ZS(-1)

Fig. 1

In der ersten Spalte werden die Zeitintervalle hochgezählt. In der zweiten Spalte wird die Änderung der Hasen auf Grund der Beziehung $\Delta H = f_{zuH} \cdot H - f_{abH} \cdot H \cdot L$ berechnet. Diese wird in der dritten Spalte zum alten Bestand der Hasen hinzuaddiert. In der vierten Spalte wird die Änderung der Luchse auf Grund der Beziehung $\Delta L = f_{zuL} \cdot H \cdot L - f_{abL} \cdot L$ berechnet und in der fünften Spalte zum alten Bestand der Luchse hinzuaddiert.

Die Fig. 2 zeigt eine Gestaltung der Tabelle

	A	B	C	D	E
1	Räuber und Beute				
2					
3	Parameter				
4	H0	<Eingabe H0>			
5	fzuH	<Eingabe fzuH>			
6	fabH	<Eingabe abH>			
7	L0	<Eingabe L0>			
8	fzuL	<Eingabe fzuL>			
9	fabL	<Eingabe fabL>			
10					
11	Zeitintervall	Änderung der Hasen	Hasen	Änderung der Luchse	Luchse
12	0		=H0		=L0
13	=A12+1	=fzuH*C12-fabH*C12*E12	=C12+B13	=fzuL*C12*E12-fabl*E12	=E12+D13
14	=A13+1	=fzuH*C13-fabH*C13*E13	=C13+B14	=fzuL*C13*E13-fabl*E13	=E13+D14
...	↓	↓	↓	↓	↓

Fig. 2

Mit den Parameterwerten H0 = 150; fzuH = 0,3; fabH = 0,025; L0 = 12; fzuL = 0,0015; fabL = 0,2 ergibt sich für die Entwicklung der Hasen (Karos) und der Luchse (Rauten) das Diagramm in Fig. 3. Die Werte für die Entwicklung der Luchse sind um den Faktor 10 gestreckt.

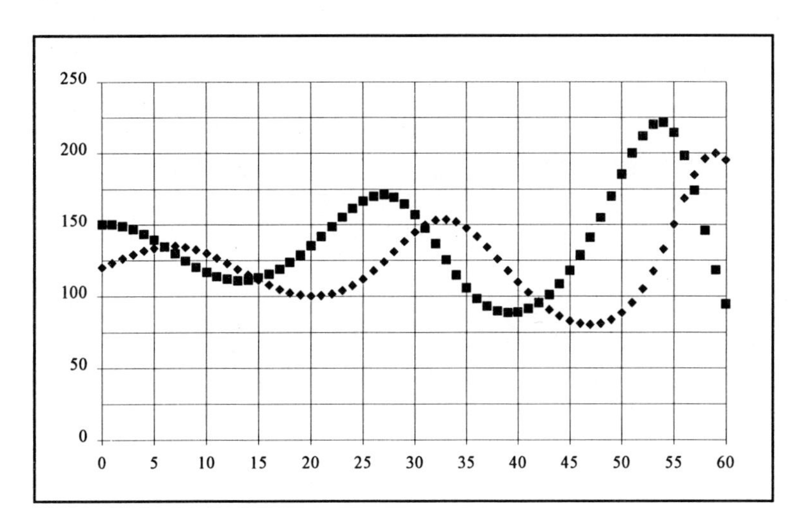

Fig. 3

Bemerkungen und Aufgaben

1. Das Diagramm in Fig. 3 zeigt den typischen Verlauf dieses Räuber-Beute-Systems. Die Populationen schwanken periodisch und zwar phasenverschoben. Eine Zunahme der

Räuber bewirkt eine Abnahme der Beute. Die Abnahme der Beute bewirkt ihrerseits wieder eine Abnahme der Räuber; hierdurch kann sich die Population der Beutetiere wieder erholen, usw.

a) Erstelle die Tabelle in Fig. 2.
   Erstelle für 60 Zeitintervalle das Diagramm für die Parameterwerte H0 = 150; fzuH = 0,3; fabH = 0,025; L0 = 12; fzuL = 0,0015; fabL = 0,2.
b) Bei einem Bestand von 20 Luchsen bricht unter den Hasen eine Krankheit aus, die den Bestand auf 40 Hasen reduziert. Wie entwickeln sich die beiden Populationen in den nächsten 15 Zeitintervallen? (Anmerkung: Benütze die Tabelle von Teilaufgabe a) und belege die Parameter H0 und L0 neu.)
c) Bei einem Bestand von 300 Hasen werden bei einer Jagd Luchse geschossen, so daß nur 5 Luchse übrig bleiben. Wie entwickeln sich die beiden Populationen in den nächsten 10 Zeitintervallen? (Anmerkung: Benütze die Tabelle von Teilaufgabe a) und belege die Parameter H0 und L0 neu.)
d) Wenn eine Population ausgestorben ist, kann sie ohne äußeres Zutun nicht wieder entstehen. Die obigen Modellgleichungen jedoch lassen die "Neugeburt" der Population z.T. wieder zu. (Das Modell rechnet mit einem negativen Bestand der Population.) Daher ist zur Untersuchung der Frage, wann eine Population ausstirbt, die Beobachtung in der Tabelle günstiger als im Diagramm.
   Untersuche ausgehend von den Parameterwerten
   H0 = 150; fzuH = 0,3; fabH = 0,025; L0 = 12; fzuL = 0,0015; fabL = 0,2, für welchen kleinsten Parameterwert fabL > 0,2 eine der beiden Populationen ausstirbt. Welche ist dies?

2. Das obige Modell geht davon aus, daß der Nahrungsvorrat für die Hasen unbegrenzt ist. In der Realität steht den Hasen jedoch nur ein begrenzter Nahrungsvorrat zur Verfügung, d.h. die Anzahl der Hasen würde sich ohne Feinde nach dem Gesetz des logistischen Wachstums entwickeln. (Siehe logistisches Wachstum.)
   Für den Fall einer Beschränkung der Weidekapazität muß in der Änderung ΔH der Term $f_{zuH} \cdot H$, der exponentielles Wachstum bewirkt, durch den Term $f_{zuH} \cdot H \cdot (1 - H/S)$ für logistisches Wachstums ersetzt werden.

   Somit ergeben sich in diesem Fall die beiden Beziehungen

$$H_{neu} = H_{alt} + \Delta H = H_{alt} + f_{zuH} \cdot H \cdot (1 - H/S) - f_{abH} \cdot H \cdot L$$

$$L_{neu} = L_{alt} + \Delta L = L_{alt} + f_{zuL} \cdot H \cdot L - f_{abL} \cdot L.$$

   Benütze einen zusätzlichen Parameter S und erstelle analog zu Fig. 2 eine Tabelle.
   Untersuche für die Parameterwerte
   H0 = 50; fzuH = 0,3; fabH = 0,025; L0 = 8; fzuL = 0,0015; fabL = 0,2 mit der Tabelle bzw. dem Diagramm über 60 Zeitintervalle hinweg die Entwicklung der Populationen für die Kapazitätsgrenzen S = 500; 450; 400;.350; 300; 250; 200; 150; 100.
   Interpretiere jeweils das Ergebnis.

IV Analysis

20 Folgen

Die Zuordnungsvorschrift

$a\colon n \to a_n,\ n \in N$

definiert allgemein eine Folge (a_n) von reellen Zahlen. So wird z.B. durch

$a\colon n \to 2 - 1/n,\ n \in N$

jeder natürlichen Zahl n die Zahl $a_n = 2 - 1/n$ zugeordnet. Die ersten Glieder dieser Folge sind:

$a_1 = 1,\ a_2 = 3/2,\ a_3 = 5/3,\ a_4 = 7/4, \ldots$

Fig. 1 zeigt für obiges Beispiel das Verfahren zur Berechnung der Glieder der Folge mit Hilfe einer Tabelle. In Fig. 2 ist die Gestaltung der Tabelle wiedergegeben.

n	an
1	2-1/ZS(-1)
Z(-1)S+1	2-1/ZS(-1)
Z(-1)S+1	2-1/ZS(-1
↓	↓

Fig. 1

	A	B
1	Die Folge an = 2 - 1/n	
2		
3	n	an
4	1	=2-1/A4
5	=A4+1	=2-1/A5
6	=A5+1	=2-1/A6
...	↓	↓

Fig. 2

Die Darstellung der Daten von Spalte B als y-Datenreihe über den Daten der Spalte A als x-Datenreihe liefert ein Schaubild der Folge (Fig. 3).

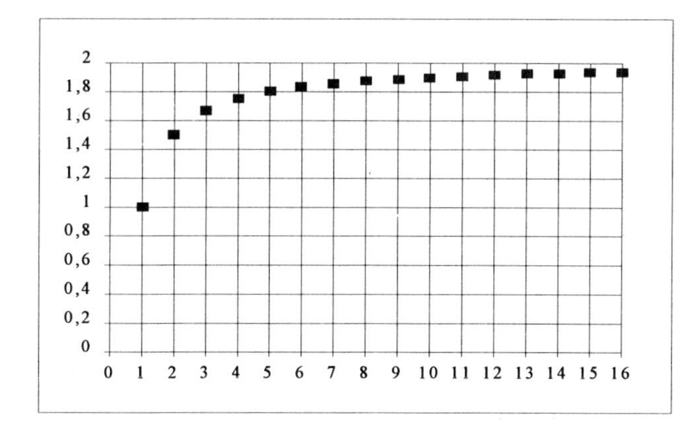

Fig. 3

Bei der obigen Folge läßt sich das n-te Glied berechnen, ohne die vorherigen Glieder der Folge zu kennen. Dagegen kann bei einer rekursiv definierten Folge das n-te Glied der Folge nur berechnet werden, wenn die vorhergehenden Glieder der Folge bereits bekannt sind. Zum Beispiel kann bei der Folge

$$a_n = 2 - 0{,}5 \cdot a_{n-1}, \quad a_1 = 0{,}6$$

das dritte Glied erst berechnet werden, wenn das zweite Glied der Folge bekannt ist, dieses wiederum erst, wenn das erste Glied bekannt ist (Fig. 4). Das Berechnungsverfahren in einer Tabelle ist in Fig. 5 wiedergegeben.

$a_1 = 0{,}6$
$a_2 = 2 - 0{,}5*0{,}6 = 1{,}7$
$a_3 = 2 - 0{,}5*1{,}7 = 1{,}15$

Fig. 4

n	an
1	0,6
Z(-1)S+1	2-0,5*Z(-1)S
Z(-1)S+1	2-0,5*Z(-1)S

Fig. 5

In Fig. 6 ist die Gestaltung der Tabelle angegeben. Die Darstellung der Daten von Spalte B als y-Datenreihe über den Daten der Spalte A als x-Datenreihe liefert ein Schaubild der Folge (Fig. 7).

	A	B
1	Die Folge a(n) = 2 - 0,5*a(n-1)	
2		
3	n	an
4	1	0,6
5	=A4+1	=2-0,5*B4
6	=A5+1	=2-0,5*B5
...	↓	↓

Fig. 6

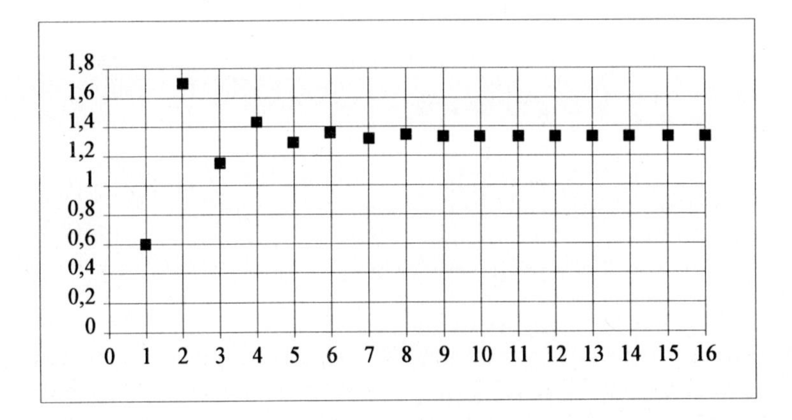

Fig. 7

Bemerkungen und Aufgaben

1. Erstelle die Tabelle in Fig. 2. Aus der Tabelle und dem Diagramm für die Glieder der Folge $a_n = 2 - 1/n$ läßt sich die Vermutung ableiten, daß die Folge den Grenzwert 2 hat.
   a) Entnimm der Tabelle, ab dem wievielten Glied der Folge $|2 - a_n| < 0{,}1$ ist.
   b) Mit wachsendem n geht der Abstand zweier aufeinanderfolgender Glieder der Folge gegen 0. Entnimm der Tabelle, ab dem wievielten Glied der Folge der Abstand zweier aufeinanderfolgender Glieder kleiner als 0,001 ist.

2. Erstelle für die Folge jeweils eine Tabelle und ein Diagramm. Versuche hiermit hinsichtlich der folgenden Fragen eine Vermutung aufzustellen:
   - Ist die Folge monoton steigend oder monoton fallend?
   - Hat die Folge eine untere, eine obere Schranke?
   - Hat die Folge einen Grenzwert?
   Beweise die Vermutungen.

   a) $a_n = 0{,}8^n$ b) $a_n = 1{,}1^n$ c) $a_n = -4 + 0{,}5^n$

   d) $a_n = 1 + 4n$ e) $a_n = 1 - 6n + n^2$ f) $a_n = 1 + 6n - n^2$

   g) $a_n = 4 + 1{,}1^n$ h) $a_n = 1 - 2n$ i) $a_n = 5 + (-0{,}9)^n$

   j) $a_n = 10 - n(-1)^n$ k) $a_n = 10 - 0{,}5^n$ l) $a_n = 5 + 0{,}2^n$

   m) $a_n = 5 - 1{,}1^n$ n) $a_n = 4 - 2^{-n}$ o) $a_n = \sqrt{n-1}$

   p) $a_n = 2 + \sin(n\frac{\pi}{2})$ q) $a_n = 1 - \sin(n\frac{\pi}{4})$ r) $a_n = \frac{n}{2} + \sin(n)$

3. Verfahre wie in Aufgabe 2.

   a) $a_n = \frac{1}{n}$ b) $a_n = \frac{-10}{n}$ c) $a_n = \frac{4}{n^2}$

   d) $a_n = \frac{5}{n^2+1}$ e) $a_n = \frac{5+n}{n^2+n+4}$ f) $a_n = \frac{2n+1}{n+2}$

   g) $a_n = \frac{n-2}{2n+1}$ h) $a_n = \frac{5+n^2}{n}$ i) $a_n = \frac{n^2-1}{n^2+1}$

   j) $a_n = \frac{n}{\sqrt{n^2+n}}$ k) $a_n = n(\sqrt{4-\frac{1}{n}} - \sqrt{4})$ l) $a_n = \frac{2n-\cos(n)}{n}$

4. Erstelle für die rekursiv definierte Folge eine Tabelle und ein Diagramm. Führe den Parameter a1 (bzw. die Parameter a1 und a2) ein. Zu welcher Vermutung über die Existenz eines Grenzwertes führt die Tabelle? Wie hängt der vermutete Grenzwert jeweils

von dem Anfangsglied a1 (bzw. den Anfangsgliedern a1 und a2) der Folge ab? Beweise die Vermutungen.

a) $a_{n+1} = 0{,}5a_n - 4, \quad a_1 = 1$

b) $a_{n+1} = 5a_n - 4, \quad a_1 = 2$

c) $a_{n+1} = 5 - 2a_n, \quad a_1 = 0$

d) $a_{n+1} = 5 - 0{,}2a_n, \quad a_1 = 10$

e) $a_{n+1} = \dfrac{9}{a_n}, \quad a_1 = 1$

f) $a_{n+1} = \dfrac{3}{a_n} + 2, \quad a_1 = 1$

g) $a_{n+1} = 1 + 0{,}5a_n, \quad a_1 = 4$

h) $a_{n+1} = 1 + 0{,}5a_n(-1)^n, \quad a_1 = 4$

i) $a_{n+1} = 0{,}2a_n + 0{,}1a_{n-1} + 7, \quad a_1 = 1, \quad a_2 = 4$

j) $a_{n+1} = 0{,}5a_n + \dfrac{1}{a_{n-1}}, \quad a_1 = 2, \quad a_2 = 8$

k) $a_{n+1} = 0{,}5a_n + \dfrac{1}{a_{n-1}} + 4, \quad a_1 = 1, \quad a_2 = 8$

5. Durch

$$a_0 = a; \quad b_0 = b; \quad a > 0, \quad b > 0$$

$$a_n = \frac{a_{n-1} + b_{n-1}}{2}; \quad b_n = \sqrt{a_{n-1} \cdot b_{n-1}}$$

sind zwei Folgen rekursiv definiert.
Erstelle eine Tabelle mit den Parametern a und b, in der die Glieder der beiden Folgen berechnet werden. Untersuche die Folge für verschiedene Werte von a und b.
a) Welche Monotonieeigenschaften zeigen sich?
b) Konvergieren die beiden Folgen?
c) Zu welcher Vermutung über die beiden Grenzwerte führt die Tabelle?

6. Die ersten vier Glieder einer Folge sind 1/2; 2/3; 3/4; 4/5. Welches Bildungsgesetz liegt dieser Folge zu Grunde? Erstelle eine Tabelle und ein Diagramm. Gegen welchen Grenzwert strebt a_n?
Beweise die Vermutung.

7. Die Ulam-Folge (Ulam, Stanislaw Marcin, Mathematiker: 1909-1984) ist rekursiv definiert. Ausgehend von einem Anfangsglied a_1 wird jeweils das nachfolgende Glied nach der folgenden Regel berechnet:

Wenn $a_n = 1$ ist,
dann ist dies das letzte Glied der Folge,
sonst wird das nächst Folgeglied wie folgt gebildet:
Wenn a_n gerade ist,
dann ist $a_{n+1} = 0{,}5 \cdot a_n$
sonst ist $a_{n+1} = 3 \cdot a_n + 1$.

Es ist bis heute noch nicht geklärt, ob diese Folge für jeden Startwert a_1 endet. Erstelle eine Tabelle und ein Schaubild für die Glieder der Ulam-Folge. Benütze den Parameter a1 für das Anfangsglied der Folge.
Untersuche, für welche Anfangsglieder a1 ≤ 50 die Folge mehr als 100 Glieder hat.

8. Die Fibonacci-Folge ist rekursiv definiert. Fibonacci (Sohn des Bonacci: 1170?-1250?, Pisa, Kaufmann und Mathematiker) stieß auf diese Zahlenfolge bei der Frage nach der Entwicklung einer Kaninchenpopulation. Wenn keine Kaninchen sterben, gibt a_n die Anzahl der Kaninchen im n-ten Monat an:

$$a_1 = 1,\ a_2 = 1,\ a_n = a_{n-1} + a_{n-2},\ n \geq 3.$$

Die Glieder der Fibonacci-Folge nennt man auch Fibonacci-Zahlen.

a) Erstelle eine Tabelle zur Berechnung der Fibonacci-Zahlen.
b) Ergänze die Tabelle von Teilaufgabe a) durch eine Spalte, in der für $n > 2$ die Differenzen zweier aufeinander folgender Fibonacci-Zahlen berechnet wird. Welche Folge ergibt sich?
c) Untersuche mit einer Tabelle den Quotienten a_{n+1}/a_n zweier aufeinander folgender Fibonacci-Zahlen. Gegen welchen Grenzwert strebt dieser Quotient?
   Vergleiche den vermuteten Grenzwert mit dem Teilverhältnis $0{,}5(\sqrt{5}+1)$ beim goldenen Schnitt.
d) Mit Hilfe der Fibonacci-Zahlen a_n sei eine Folge (s_n) definiert durch
   $s_n = a_1 + a_2 + a_3 + ... + a_n$.
   Ergänze die Tabelle von Teilaufgabe a) durch eine Spalte, in der die Folgeglieder s_n berechnet werden. Zu welcher Vermutung für die Glieder s_n führt die Tabelle?
   Versuche die Vermutung zu beweisen.
e) Wählt man die Anfangsglieder $a_1 = 1$ und $a_2 = 3$, so erhält man die sogenannte Lukas-Folge (Lucas, Francois Édouard Anatole, Gymnasialprofessor, 1842-1891).
   Bilde mit der Tabelle von Teilaufgabe a) die Lukas-Folge und die Folge von Teilaufgabe d). Zu welcher Vermutung über s_n führt die Tabelle?
   Versuche die Vermutung zu beweisen
   Bilde die Folge der Teilaufgabe d) mit anderen Werten von a_1 und a_2. Zu welcher Vermutung über s_n gelangt man? Versuche die Vermutung zu beweisen.

21 Reihen

Aus einer gegebenen Folge (a_n) entsteht eine neue Folge (s_n) dadurch, daß aus den Gliedern der Folge (a_n) Summen gebildet werden (Fig. 1).

$s_1 = a_1$
$s_2 = a_1 + a_2$
$s_3 = a_1 + a_2 + a_3$
...
$s_n = a_1 + a_2 + a_3 + ... + a_n$

Fig. 1

$s_1 = 1$
$s_2 = 1 + 3$
$s_3 = 1 + 3 + 5$
...
$s_n = 1 + 3 + 5 + ... + (2n-1)$

Fig. 2

Die Folge (s_n) nennt man eine Reihe. Aus der Folge $a_n = 2n - 1$ z. B. ergibt sich hier-nach die Reihe in Fig. 2. Die einzelnen Glieder der Reihe lassen sich in einer Tabelle schrittweise berechnen .

Die Tabelle in Fig. 3 zeigt das Verfahren für die Reihe

$s_n = 1 + 3 + ... + (2n - 1)$.

	an	sn
1	2*ZS(-1)-1	ZS(-1)
Z(-1)S+1	2*ZS(-1)-1	Z(-1)S + ZS(-1)
Z(-1)S+1	2*ZS(-1)-1	Z(-1)S + ZS(-1)
↓	↓	↓

Fig. 3

In der ersten Spalte steht die Nummer des Folgegliedes, in der zweiten der Wert von a_n und in der dritten Spalte der Wert von s_n. Fig. 4 zeigt die Gestaltung der Tabelle.

	A	B	C
1	Die Reihe 1+3+5+...		
2			
3	n	an	sn
4	1	=2*A4 - 1	=B4
5	=A4 + 1	=2*A5 - 1	=C4 + B5
6	=A5 + 1	=2*A6 - 1	=C5 + B6
...	↓	↓	↓

Fig. 4

Bemerkungen und Aufgaben

1. Bei vielen Reihen läßt sich die Summe s_n in geschlossener Form angeben.
   Für die Reihe $s_n = 1 + 3 + 5 + ... + (2n - 1)$ gilt $s_n = n^2$.

Erstelle die Tabelle in Fig. 4 und bestätige diesen Sachverhalt mit der Tabelle bis n = 10. Beweise diese Behauptung allgemein.

2. Erstelle wie in Fig. 4 eine Tabelle zur Berechnung von s_n. Die Summe s_n läßt sich in geschlossener Form angeben. Zu welcher Vermutung über den Wert der Summe s_n führt die Tabelle? Beweise die Vermutung.

   a) $s_n = 1 + 2 + 3 + ... + n$
   b) $s_n = 1 + 1{,}5 + 2 + .2{,}5.. + (1+(n-1)\cdot 0{,}5)$
   c) $s_n = 1 + 2 + 4 + ... + 2^{n-1}$
   d) $s_n = 1 - 2 + 4 - ...+ (-2)^{n-1}$
   e) $s_n = 1 + 4 + 9 + ... + n^2$
   f) $s_n = 1 + 8 + 27 + ... + n^3$
   g) $s_n = 1\cdot 2 + 2\cdot 3 + 3\cdot 4 + ... + n\cdot(n+1)$
   h) $s_n = 1\cdot 2\cdot 3 + 2\cdot 3\cdot 4 + 3\cdot 4\cdot 5 + \quad + n\cdot(n+1)\cdot(n+2)$
   i) $s_n = \frac{1}{1\cdot 2} + \frac{1}{2\cdot 3} + \frac{1}{3\cdot 4} + ...+, \frac{1}{n\cdot(n+1)}$

3. Berechne mit einer Tabelle den Wert von s_n

   $s_n = 10 + 1 + 0{,}1 + 0{,}01 + ... + 10^{2-n}$

   für $n = 10; 20; 30; 40$.
   Reihen, die aus unendlich vielen Summanden bestehen, nennt man unendliche Reihen. Untersuche, ob die unendliche Reihe

   $10 + 1 + 0{,}1 + 0{,}01 + ... + 10^{2-n} + ...$

   einen endlichen Summenwert besitzt. Beweise die Vermutung.

4. Erstelle eine Tabelle und untersuche, ob die unendliche Reihe einen endlichen Summenwert besitzt. Beweise die Vermutung.

   a) $1 + 1/2 + 1/4 + 1/8 + ...$
   b) $1 - 1/3 + 1/9 - 1/27 + -...$
   c) $0{,}3 + 0{,}03 + 0{,}003 + ...$
   d) $0{,}7 + 0{,}1 - 0{,}01 + 0{,}001 - 0{,}0001 ...$
   e) $4 + 2 + 1 + 0{,}5 + 0{,}25 + 0{,}125 ...$
   f) $13 + 0{,}13 - 0{,}0013 + 0{,}000013 - +....$

5. Erstelle eine Tabelle und untersuche, ob die unendliche Reihe einen endlichen Summenwert besitzt. Wie groß ist dieser etwa?

   a) $1 + \frac{1}{1!} + \frac{1}{2!} + \frac{1}{3!} + \frac{1}{4!} ...$
   b) $1 + \frac{1}{2} + \frac{1}{3} + \frac{1}{4} + ...$
   c) $1 - \frac{1}{2} + \frac{1}{3} - \frac{1}{4} + ...$
   d) $1 - \frac{1}{3} + \frac{1}{5} - \frac{1}{7} + \frac{1}{9} + ..$
   e) $\frac{1}{1\cdot 2} + \frac{1}{2\cdot 3} + \frac{1}{3\cdot 4} + \frac{1}{4\cdot 5} + ...$
   f) $\frac{1}{1\cdot 3} + \frac{1}{3\cdot 5} + \frac{1}{5\cdot 7} + \frac{1}{7\cdot 9} ...$

g) $\frac{1}{1\cdot 3}+\frac{1}{2\cdot 4}+\frac{1}{3\cdot 5}+\frac{1}{4\cdot 6}+\ldots$

h) $\frac{1}{3\cdot 5}+\frac{1}{7\cdot 9}+\frac{1}{11\cdot 13}+\frac{1}{15\cdot 17}+\ldots$

i) $\frac{1}{1\cdot 2\cdot 3}+\frac{1}{2\cdot 3\cdot 4}+\frac{1}{3\cdot 4\cdot 5}+\frac{1}{4\cdot 5\cdot 6}+\ldots$

6. Ein Streckenzug $P_1P_2P_3\ldots$ ist aufgebaut wie in Fig. 5. Er besteht aus unendlich vielen Teilstrecken. Jede Teilstrecke ist halb so lang wie die vorhergehende.

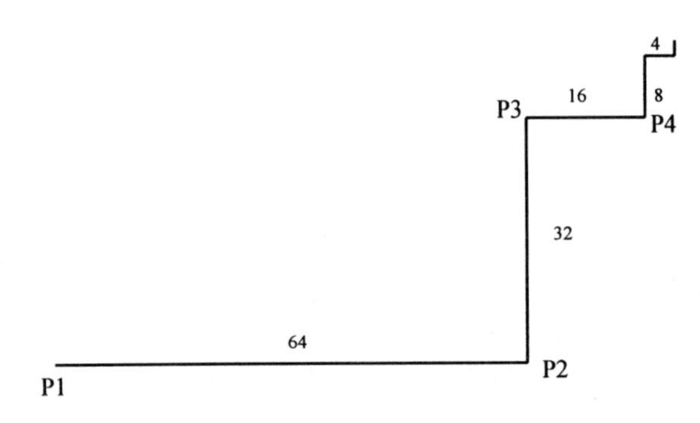

Fig. 5

a) Untersuche mit einer Tabelle, ob der Streckenzug eine endliche Länge hat. Beweise die Vermutung.
b) Versuche mit der Tabelle den "Grenzpunkt" P herauszufinden, dem die Punkte P_k dieses Streckenzuges beliebig nahekommen. Beweise die Vermutung.
c) Wo liegt der Grenzpunkt, wenn die Teilstrecken jedesmal entgegen dem Uhrzeigersinn angetragen werden?
d) Wo liegt der Grenzpunkt, wenn jede Teilstrecke nur ein Drittel der vorhergehenden ist und die Teilstrecken jedesmal entgegen dem Uhrzeigersinn (abwechselnd mit und gegen den Uhrzeigersinn) angetragen werden?

7. Jeder Folge (a_n) kann eindeutig eine Reihe (s_n) zugeordnet werden. Umgekehrt kann jeder Reihe eindeutig eine Folge (a_n) zugeordnet werden. Es ist nämlich
$a_1 = s_1$ und $a_{n+1} = s_{n+1} - s_n$ für alle $n \in N$.
Erstelle eine Tabelle zur Berechnung der Folgeglieder a_n aus s_n.

a) $s_n = n$ b) $s_n = n(n+1)$ c) $s_n = n^2(2n^2-1)$

d) $s_n = 1+\frac{1}{n}$ e) $s_n = \frac{n^2(n+1)^2}{4}$ f) $s_n = \frac{n(4n^2-1)}{3}$

22 Grenzwerte bei Funktionen

Um zu einer Vermutung über die Existenz eines Grenzwertes einer Funktion und dessen zahlenmäßigen Wert zu gelangen, kann man mit Hilfe einer Tabelle Funktionswerte berechnen und das betreffende Schaubild zeichnen.

1. Grenzwerte der Form $\lim\limits_{x \to \infty} f(x)$

Um z. B. das Verhalten der Funktion f mit

$$f(x) = \frac{2x^2 + 1}{7x^2 + 3}$$

für $x \to \infty$ zu untersuchen, berechnet man Funktionswerte für große Werte von x und zeichnet das zugehörige Schaubild. Besonders einfach wird das Erstellen der Tabelle, wenn die Schrittweite h für die x-Werte konstant ist. In diesem Falle sind die Funktionswerte für die Werte

$$x_1 = x_0 + h,$$
$$x_2 = x_1 + h,$$
$$\ldots$$
$$x_k = x_{k-1} + h,$$
$$\ldots$$

zu berechnen.

Mit den Konstanten

x0 für den Startwert und
h für die Schrittweite

ist in Fig. 1 das Verfahren zur Berechnung der Funktionswerte für die obige Funktion dargestellt.

x	f(x)
x0	(2*ZS(-1)^2+1)/(7*ZS(-1)^2+3)
Z(-1)S+h	(2*ZS(-1)^2+1)/(7*ZS(-1)^2+3)
Z(-1)S+h	(2*ZS(-1)^2+1)/(7*ZS(-1)^2+3)
↓	↓

Fig. 1

In der ersten Spalte werden die x-Werte berechnet und in der zweiten Spalte die zugehörigen Funktionswerte. In Fig. 2 ist eine Gestaltung der Tabelle wiedergegeben.

	A	B
1	f(x)=(2x^2+1)/(7x^2+3)	
2	x -> unendlich	
3		
4	Parameter	
5	x0	<Eingabe von x0>
6	h	<Eingabe von h>
7		
8	x	f(x)
9	=x0	=(2*A9^2+1)/(7*A9^2+3)
10	=A9+h	=(2*A10^2+1)/(7*A10^2+3)
11	=A10+h	=(2*A11^2+1)/(7*A11^2+3)
...	↓	↓

Fig. 2

Die Darstellung der Daten in Spalte B über den Daten der Spalte A liefert für die Parameterwerte x0 = 100, h = 10 das Diagramm in Fig. 3.

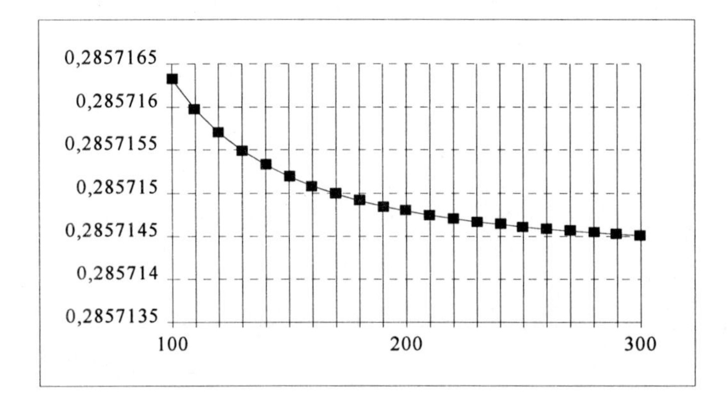

Fig. 3

Durch Abändern der Schrittweite h und/oder des Startwertes x0 kann das erzeugte Diagramm ohne zusätzliche Änderungen auch für größere x-Werte betrachtet werden.

2. Grenzwerte der Form $\lim\limits_{x \to a} f(x)$

Zur Untersuchung des Verhaltens einer Funktion f in der Umgebung einer Stelle a kann man ähnlich vorgehen. Es wird eine vorher festzulegende Anzahl von x-Werten links und rechts von der zu betrachtenden Stelle a erzeugt und an diesen Stellen der Funktionswert berechnet. Besonders einfach wird eine solche Tabelle, wenn die x-Werte wieder denselben Abstand haben.

Mit den Konstanten

a für die zu untersuchende Stelle und
h für die Schrittweite

ergibt sich bei jeweils 10 Stützstellen links und rechts von der zu untersuchenden Stelle a z. B. für $f(x) = \frac{\sin(x)}{x}$ das Verfahren in Fig. 4.
In Fig. 5 ist die Gestaltung einer solchen Tabelle wiedergegeben.

x	f(x)
a-10*h	SIN(ZS(-1))/ZS(-1)
Z(-1)S+h	SIN(ZS(-1))/ZS(-1)
...	...
Z(-1)S+h	SIN(ZS(-1))/ZS(-1)
Z(-1)S+h	hier kein Eintrag
Z(-1)S+h	SIN(ZS(-1))/ZS(-1)
Z(-1)S+h	SIN(ZS(-1))/ZS(-1)
...	...
Z(-1)S+h	SIN(ZS(-1))/ZS(-1)
Z(-1)S+h	SIN(ZS(-1))/ZS(-1)
Z(-1)S+h	SIN(ZS(-1))/ZS(-1)
Z(-1)S+h	SIN(ZS(-1))/ZS(-1)

Fig. 4

	A	B
1	f(x)=sin(x)/x	
2		
3	Parameter	
4	a	<Eingabe a>
5	h	<Eingabe h>
6		
7	x	f(x)
8	=a-10*h	=SIN(A8)/A8
9	=A8+h	=SIN(A9)/A9
...	...	...
17	=A16+h	=SIN(A17)/A17
18	=A17+h	
19	=A18+h	=SIN(A19)/A19
20	=A19+h	=SIN(A20)/A20
...	...	...
25	=A24+h	=SIN(A25)/A25
26	=A25+h	=SIN(A26)/A26
27	=A26+h	=SIN(A27)/A27
28	=A27+h	=SIN(A28)/A28

Fig. 5

Für die Parameterwerte a = 0, h = 0,1 bzw. a = 0 und h = 0,01 ergeben sich die beiden Diagramme in Fig. 6. Dadurch, daß die Anzahl der Stützstellen festliegt, wird durch Verkleinern von h ein Zoom-Effekt an der Stelle a erreicht.

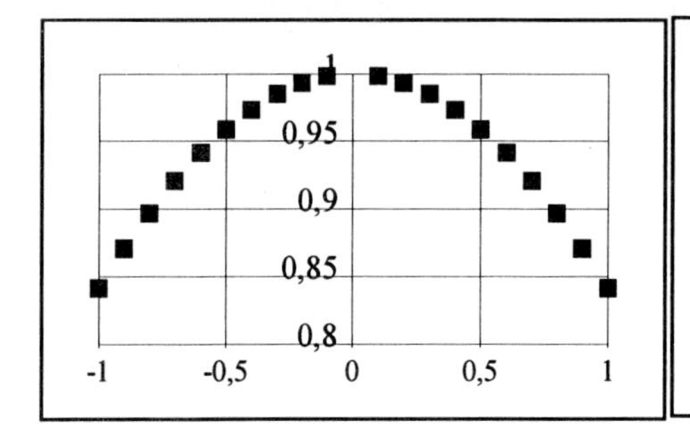

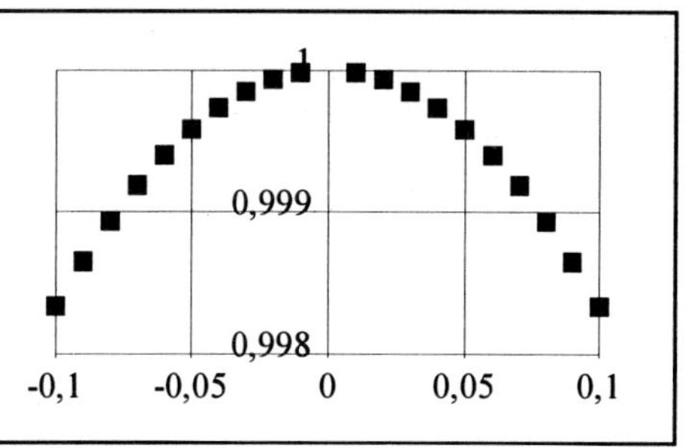

Fig. 6

Bemerkungen und Aufgaben

1. Die Annäherung an die Stelle a (Fig. 4/5) muß nicht mit äquidistanter Schrittweite erfolgen. Ändere die Tabelle in Fig. 5 so ab, daß die 10 Stützstellen links von a die Werte

   x1 = a - 10·h,
   x2 = 0,5·(a + x1)
   x3 = 0,5·(a + x2)

   durchlaufen. Durch diese Wahl der Stützstellen wird die Entfernung der Stützstellen zur Stelle a jedesmal halbiert.

   Welche Vermutung ergibt sich hiermit für $\lim\limits_{x \to 0} \frac{\sin(x)}{x}$?

   Beweise die Vermutung.

2. Versuche mit einer Tabelle und einem Diagramm wie in Fig. 2/3 zu einer Vermutung über den Grenzwert der Funktion f mit

   $$f(x) = \frac{(x+1)^2}{2 + x + 0{,}1x^2}$$

   für $x \to \infty$ zu gelangen. Beweise die Vermutung.
   Ändere die Tabelle für den Fall $x \to -\infty$ ab. Welche Vermutung ergibt sich?
   Beweise die Vermutung.

3. Versuche mit einer Tabelle wie in Fig. 4/5 und einem Diagramm zu einer Vermutung über den Grenzwert zu gelangen. Benütze die Parameter a und h.
   Beweise die Vermutung.

   a) $\lim\limits_{x \to 1} \frac{(x-1)^3}{x-1}$ b) $\lim\limits_{x \to 2} \frac{2x-4}{x^2-4}$

   c) $\lim\limits_{x \to 0} \frac{1-\cos(x)}{x}$ d) $\lim\limits_{x \to 0} \frac{\sin(3x)}{4x}$

4. Untersuche mit einer Tabelle und einem Diagramm. Beweise die Vermutung.

   a) $\lim\limits_{x \to \infty} \frac{x(x-10)}{10x^2+1}$ b) $\lim\limits_{x \to \infty} \frac{x(x-10)}{10x^3+1}$ c) $\lim\limits_{x \to \infty} \frac{3-x^2}{10x+1}$

   d) $\lim\limits_{x \to 0} \frac{\sin(x)}{|x|}$ e) $\lim\limits_{x \to 0} \frac{x}{|x|}$ f) $\lim\limits_{x \to 0} \frac{\sin(2x)}{\sin(x)}$

   g) $\lim\limits_{x \to 0} \frac{x-\sin(x)}{x^3}$ h) $\lim\limits_{x \to 0} \frac{1-\cos(x)}{\sin(x)}$ i) $\lim\limits_{x \to 0} \frac{1-\cos(x)}{x^2}$

5. Existiert für eine Funktion f bei Annäherung von rechts an die Stelle a ein Grenzwert, so nennt man diesen den rechtsseitigen Grenzwert g_r der Funktion f an der Stelle a. Entsprechend ist der linksseitige Grenzwert g_l definiert. Hat eine Funktion f an der Stelle a sowohl einen rechtsseitigen Grenzwert g_r als auch einen linksseitigen Grenzwert g_l und ist $g_r = g_l$, dann hat f an der Stelle a einen Grenzwert und dieser stimmt mit g_r und g_l überein.
Untersuche auf die Existenz eines links- und/oder rechtsseitigen Grenzwertes.
Beweise die Vermutung.

a) $\lim\limits_{x \to 2} \frac{\sqrt{x-2}}{x-2}$ b) $\lim\limits_{x \to 5} \frac{5-x}{\sqrt{5-x}}$ c) $\lim\limits_{x \to 3} \frac{x+3}{\sqrt{x^2-9}}$

d) $\lim\limits_{x \to 1} \frac{|x-1|}{x^2-1}$ e) $\lim\limits_{x \to 0} x \sin(\frac{1}{x})$ f) $\lim\limits_{x \to 0} x^2 \cos(\frac{1}{x})$

g) $\lim\limits_{x \to 0} 2^{\frac{1}{x}}$ h) $\lim\limits_{x \to 0} \frac{2^{\frac{-1}{x^2}}}{x^2}$ i) $\lim\limits_{x \to 1} \frac{x-1}{2^x-2}$

6. Untersuche auf einen Grenzwert. Beweise die Vermutung.

a) $\lim\limits_{x \to 0} \frac{\sin(3x)}{\sin(2x)}$ b) $\lim\limits_{x \to \pi} \frac{\tan(x)}{\sin(2x)}$ c) $\lim\limits_{x \to 0} \frac{\sqrt{1+x}-\sqrt{1-x}}{x}$

d) $\lim\limits_{x \to 0} \frac{1-\cos(x)}{\sin^2(x)}$ e) $\lim\limits_{x \to \frac{\pi}{6}} \frac{2\sin(x)-1}{\cos(3x)}$ f) $\lim\limits_{x \to \infty} (x-\sqrt{x^2-x+1})$

g) $\lim\limits_{x \to \infty} \frac{x-\sin(x)}{1-5x}$ h) $\lim\limits_{x \to \infty} \frac{\sqrt{x}-6x}{3x+1}$ i) $\lim\limits_{x \to \infty} (\sqrt{x^2+3x}-x)$

23 Stetigkeit

Wenn für eine Funktion f an der Stelle x_0 der linksseitige und der rechtsseitige Grenzwert existieren und gleich dem Funktionswert $f(x_0)$ sind, ist die Funktion f an der Stelle x_0 stetig.

Um zu einer Vermutung zu gelangen, ob eine Funktion an einer Stelle x_0 stetig ist, kann man ähnlich wie bei der Untersuchung auf Grenzwerte vorgehen (siehe "Grenzwerte bei Funktionen"). Das Übertragen des dort gezeigten Vorgehens liefert für die Funktion f mit

$$f(x) = \begin{cases} \frac{\sin(x)}{x} & \text{\textit{für} } x \neq 0 \\ 1 & \text{\textit{für} } x = 0 \end{cases}$$

bei 10 Stützstellen links und rechts von der zu untersuchenden Stelle x_0 mit den Konstanten

x0 für die zu untersuchende Stelle und
h für die Schrittweite

den Aufbau einer entsprechenden Tabelle (Fig. 1).

x	f(x)
x0-10*h	SIN(ZS(-1))/ZS(-1)
Z(-1)S+h	SIN(ZS(-1))/ZS(-1)
↓	↓
...	...
Z(-1)S+h	SIN(ZS(-1))/ZS(-1)
x0	1
Z(-1)S+h	SIN(ZS(-1))/ZS(-1)
↓	↓
...	...
Z(-1)S+h	SIN(ZS(-1))/ZS(-1)

Fig. 1

	A	B
1	f(x)=sin(x)/x	
2		
3	Parameter	
4	x0	<Eingabe x0>
5	h	<Eingabe h>
6		
7	x	f(x)
8	=x0-10*h	=SIN(A8)/A8
9	=A8+h	=SIN(A9)/A9
↓	↓	↓
...	...	...
17	=A16+h	=SIN(A17)/A17
18	=x0	=1
19	=A18+h	=SIN(A19)/A19
↓	↓	↓
...	...	...
28	=A27+h	=SIN(A28)/A28

Fig. 2

In der ersten Spalte werden die x-Werte berechnet und in der zweiten der jeweilige Funktionswert.

In Fig. 2 ist die Gestaltung einer solchen Tabelle und in Fig. 3 das Diagramm für die Parameterwerte x0 = 0 und h = 0,1 wiedergegeben. Dadurch, daß die Anzahl der Stützstellen festliegt, wird durch Verkleinern der Schrittweite h ein Zoom-Effekt erreicht.

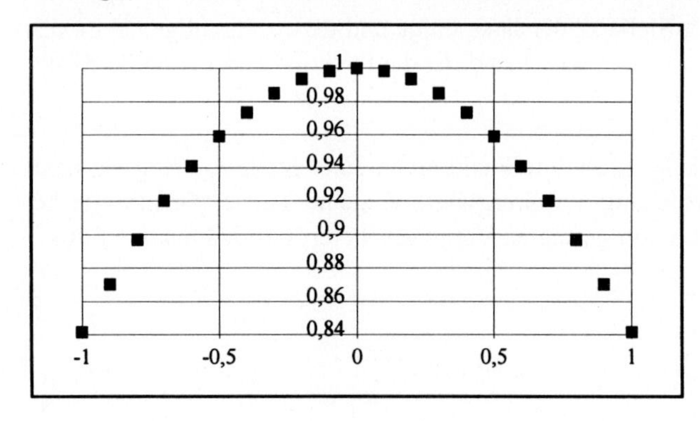

Fig. 3

Das Diagramm in Fig. 3 läßt vermuten, daß die Funktion f an der Stelle x0 = 0 stetig ist, da sich die gezeichnete Punktfolge durch den Funktionswert an der Stelle x0 "schließt". Um den Beweis für die Stetigkeit an der Stelle x0 = 0 zu führen, muß der linksseitige und der rechtsseitige Grenzwert berechnet werden. Sind beide gleich 1, so ist die Funktion an der Stelle 0 stetig.

Bemerkungen und Aufgaben

1. Untersuche mit einer Tabelle und einem Diagramm wie in Fig. 2/3 die Funktion *f* auf Stetigkeit an der Stelle x_0. Beweise die Vermutung.

a) $f(x)=\begin{cases}\dfrac{x^2-25}{x-5} & \textit{für } x\neq 5\\ 10 & \textit{für } x=5\end{cases},\quad x_0=5$

b) $f(x)=\begin{cases}\dfrac{1}{x-1}-\dfrac{2}{x^2-1} & \textit{für } x\neq 1\\ 0{,}5 & \textit{für } x=1\end{cases},\quad x_0=1$

c) $f(x)=\begin{cases}\dfrac{9-x^2}{\sqrt{3x}-3} & \textit{für } x\neq 3\\ -12 & \textit{für } x=3\end{cases},\quad x_0=3$

d) $f(x)=\begin{cases}\dfrac{\sin^2(0{,}5x)}{x^2} & \textit{für } x\neq 0\\ 0{,}25 & \textit{für } x=0\end{cases},\quad x_0=0$

2. Die Funktion *f* hat an der Stelle x_0 eine Definitionslücke. Untersuche mit einer Tabelle und einem Diagramm, ob die Möglichkeit besteht, diese stetig zu schließen. Führe den Beweis durch Berechnung des Grenzwertes.

a) $f(x)=\dfrac{x^2-4x+3}{x-1},\quad x_0=1$

b) $f(x)=\dfrac{x+5}{x-5},\quad x_0=5$

c) $f(x)=\dfrac{x^2-4x-11.99}{x+2},\quad x_0=-2$

d) $f(x)=\dfrac{1}{x-2}-\dfrac{12}{x^3-8},\quad x_0=2$

3. Verfahre wie in Aufgabe 2.

a) $f(x)=\dfrac{1-\cos(2x)}{x\sin(x)},\quad x_0=0$

b) $f(x)=\dfrac{\sin(4x)}{\sqrt{x+1}-1},\quad x_0=0$

c) $f(x) = \dfrac{\sin(3x)}{\sqrt{x+2} - \sqrt{2}}$, $x_0 = 0$

d) $f(x) = \dfrac{x \sin(2x)}{1 - \cos(x)}$, $x_0 = 0$

e) $f(x) = \dfrac{\sqrt{x+4} - 2}{\sin(5x)}$, $x_0 = 0$

f) $f(x) = \dfrac{x^3 + 1}{\sin(x+1)}$, $x_0 = -1$

g) $f(x) = 1 - \dfrac{|x|}{x}$, $x_0 = 0$

h) $f(x) = \dfrac{1}{1 + 2^{\frac{1}{x}}}$, $x_0 = 0$

i) $f(x) = \dfrac{\sin(x) - \cos(x)}{\cos(2x)}$, $x_0 = \dfrac{\pi}{4}$

4. Die Funktion f mit

$$f(t) = \frac{2^{a+t} - 2^a}{t}$$

hat für jede Zahl a an der Stelle $t = 0$ eine Definitionslücke. Untersuche mit einer Tabelle und einem Diagramm, ob sich für $a = 0;\ 1;\ 2;\ 3$ diese Lücke vermutlich stetig schließen läßt. Versuche, den Beweis zu führen.

24 Ableitung einer Funktion an der Stelle x_0

Existieren für eine Funktion f, die in einer Umgebung von x_0 definiert ist, die beiden Grenzwerte

$$\lim_{h \to 0} \frac{f(x_0 + h) - f(x_0)}{h} \quad \text{und} \quad \lim_{h \to 0} \frac{f(x_0 - h) - f(x_0)}{-h}, \quad h > 0$$

und haben diese denselben Wert, so ist die Funktion f an der Stelle x_0 differenzierbar. Den gemeinsamen Grenzwert nennt man Ableitung von f an der Stelle x_0 und bezeichnet ihn mit $f'(x_0)$. Um bei gegebener Stelle x_0 zu einer Vermutung über $f'(x_0)$ zu gelangen, kann man den Wert der beiden Ausdrücke

$$\frac{f(x_0 + h) - f(x_0)}{h} \quad \text{und} \quad \frac{f(x_0 - h) - f(x_0)}{-h}, \quad h > 0$$

für ein Nullfolge h: $n \to h_n$ berechnen.

Ausgehend von einem Startwert h_0 läßt sich z. B. die Folge

$h_1 = 0{,}5 \cdot h_0$,
$h_2 = 0{,}5 \cdot h_1$,
$h_3 = 0{,}5 \cdot h_2$,
...

verwenden. Bei dieser Nullfolge werden die Werte h_n bei jedem Schritt halbiert.

Mit den Konstanten

x0 für die Stelle, an der die Ableitung berechnet werden soll und
h0 für den Startwert der Nullfolge

läßt sich das Verfahren z. B. für $f(x) = x^2$ wie folgt darstellen (Fig. 1):

hn	(f(x0+hn)-f(x0) / hn	(f(x0-hn)-f(x0) / (-hn)
h0	((x0+ZS(-1))^2-x0^2)/ZS(-1)	((x0-ZS(-2))^2-x0^2)/(-ZS(-2))
Z(-1)S/2	((x0+ZS(-1))^2-x0^2)/ZS(-1)	((x0-ZS(-2))^2-x0^2)/(-ZS(-2))
Z(-1)S/2	((x0+ZS(-1))^2-x0^2)/ZS(-1)	((x0-ZS(-2))^2-x0^2)/(-ZS(-2))
↓	↓	↓

Fig. 1

In der ersten Spalte wird der Werte für h_n berechnet. In der zweiten Spalte wird der Wert des rechtsseitigen Differenzenquotienten und in der dritten Spalte der Wert des linksseitigen Differenzenquotienten berechnet.

In Fig. 2 ist die Gestaltung einer solchen Tabelle wiedergegeben.

	A	B	C
1	Ableitung an der Stelle x0		
2	f(x)=x^2		
3			
4	Parameter		
5	x0	<Eingabe x0>	
6	h0	<Eingabe h0>	
7			
8	hn	(f(x0+hn)-f(x0))/hn	(f(x0-hn)-f(x0))/(-hn)
9	=h0	=((x0+A9)^2-x0^2)/A9	=((x0-A9)^2-x0^2)/(-A9)
10	=A9/2	=((x0+A10)^2-x0^2)/A10	=((x0-A10)^2-x0^2)/(-A10)
11	=A10/2	=((x0+A11)^2-x0^2)/A11	=((x0-A11)^2-x0^2)/(-A11)
...	↓	↓	↓

Fig. 2

Fig. 3 zeigt ein Ergebnis für die Parameterwerte x0 = 3, h0 = 1.

	A	B	C
1	Ableitung an der Stelle x0		
2	f(x)=x^2		
3			
4	Parameter		
5	x0	3	
6	h0	1	
7			
8	hn	(f(x0+hn)-f(x0))/hn	(f(x0-hn)-f(x0))/(-hn)
9	1	7	5
10	0,5	6,5	5,5
11	0,25	6,25	5,75
12	0,125	6,125	5,875
13	0,0625	6,0625	5,9375
14	0,03125	6,03125	5,96875
15	0,015625	6,015625	5,984375
16	0,0078125	6,0078125	5,9921875

Fig. 3

Bemerkungen und Aufgaben

1. In der Tabelle in Fig. 3 (mit $f(x) = x^2$) durchläuft die Nullfolge bei Annäherung an die Stelle x_0 die Werte 1; 0,5; 0,25; 0,125; ...
   a) Ändere die Tabelle so ab, daß die Nullfolge die Werte 1; 1/3; 1/9; 1/27; ... durchläuft. Zu welcher Vermutung über die Ableitung an der Stelle $x_0 = 3$ führt diese Annäherung an x_0?
   b) Ändere die Tabelle so ab, daß die Nullfolge die Werte 1; 0,1; 0,01; 0,001; ... durchläuft. Zu welcher Vermutung über die Ableitung an der Stelle $x_0 = 3$ führt diese Annäherung an x_0?
   c) Zu welcher Vermutung über die Ableitung an der Stelle $x_0 = 3$ führt das Verfahren, wenn die Annäherung an die Stelle x_0 von links durch die Nullfolge 1; 0,5; 0,25; 0,125; ... und von rechts durch die Nullfolge 1; 0,1; 0,01; 0,001; ... erfolgt?
   d) Beweise, daß für die Funktion f mit $f(x) = x^2$ gilt $f'(3) = 6$.

2. Führe das in der Tabelle Fig. 1/2 gezeigte Verfahren durch. Benütze die Parameter x0 und h0. Beweise die dabei gemachte Vermutung.

   a) $f(x) = 2x^2$, $x_0 = -1; 0; 1; 1,5$ b) $f(x) = x^3$, $x_0 = -1; 0; 1; 1,5$

   c) $f(x) = x^4$, $x_0 = -2; 0; 1; 2,5$ d) $f(x) = x^5$, $x_0 = -1; 0; 1; 2,5$

3. Verfahre wie in Aufgabe 2.

a) $f(x)=\frac{1}{x}$, $x_0=-2;-1,5;1$

b) $f(x)=\frac{1}{x^2}$, $x_0=-2;-1,5;2$

c) $f(x)=\frac{1}{x^3}$, $x_0=-3;1;3$

d) $f(x)=\frac{1}{x^4}$, $x_0=-2;0,5;1$

4. Verfahre wie in Aufgabe 2.

a) $f(x)=\sqrt{x}$, $x_0=1;4;9$

b) $f(x)=2\sqrt{x}$, $x_0=1;4;9$

c) $f(x)=\frac{1}{\sqrt{x}}$, $x_0=1;4;16$

d) $f(x)=x^{0,75}$, $x_0=1;16;81$

5. Verfahre wie in Aufgabe 2.

a) $f(x)=\sin(x)$, $x_0=0;\frac{\pi}{2};\pi$

b) $f(x)=\cos(x)$, $x_0=0;\frac{\pi}{2};\pi$

c) $f(x)=\tan(x)$, $x_0=0;\frac{\pi}{6};\frac{\pi}{3}$

d) $f(x)=\cot(x)$, $x_0=0;\frac{\pi}{6};1$

6. Verfahre wie in Aufgabe 2.

a) $f(x)=e^x$, $x_0=0;1;2$

b) $f(x)=2^x$, $x_0=0;1;2$

c) $f(x)=\ln(x)$, $x_0=0;1;2$

d) $f(x)=\left|x^2-1\right|$, $x_0=-1;0;1$

7. Verfahre wie in Aufgabe 2.

a) $f(x)=\begin{cases}\frac{x^2-1}{x-1} & \textit{für } x\neq 1\\ 2 & \textit{für } x=1\end{cases}$, $x_0=1$

b) $f(x)=\begin{cases}\frac{x}{|x|} & \textit{für } x\neq 0\\ 0 & \textit{für } x=0\end{cases}$, $x_0=0$

c) $f(x)=\begin{cases}x\sin(\frac{1}{x}) & \textit{für } x\neq 0\\ 0 & \textit{für } x=0\end{cases}$, $x_0=0$

d) $f(x)=\begin{cases}x^2\sin(\frac{1}{x}) & \textit{für } x\neq 0\\ 0 & \textit{für } x=0\end{cases}$, $x_0=0$

25 Numerische Differentiation

Die Ableitungsfunktion f' ordnet jeder Stelle $x \in D_f$ einer differenzierbaren Funktion f die Ableitung $f'(x)$ zu. Der Wert von $f'(x)$ läßt sich näherungsweise durch den Differenzenquotienten

$$\frac{f(x+h)-f(x)}{h}, \quad h>0 \qquad (*)$$

ersetzen, wenn h genügend klein gewählt wird. Graphisch bedeutet dies, daß die Tangentensteigung im Kurvenpunkt $P(x \mid f(x))$ durch die Steigung der Sekante durch die beiden Kurvenpunkte $P(x \mid f(x))$ und $Q(x+h \mid f(x+h))$ ersetzt wird. Der hierdurch entstehende Fehler ist dem Betrage nach umso kleiner, je kleiner h ist. Um näherungsweise eine Wertetabelle (Schrittweite w) der Ableitungsfunktion zu erstellen, kann man die Ableitung an den Stellen x durch den Differenzenquotienten (*) ersetzten. Der entstehende Fehler wird im Rahmen der Rechengenauigkeit durch geeignete Wahl von h beliebig klein.

Mit den Konstanten

x0 für den Anfangswert der Wertetabelle ,
w als Schrittweite für die Wertetabelle und
h für die Berechnung der Sekantensteigung (siehe (*))

ergibt sich z. B. für $f(x) = x^2$ das Verfahren in Fig. 1.

x	Sekantensteigung
x0	((ZS(-1)+h)^2-ZS(-1)^2) / h
Z(-1)S+w	((ZS(-1)+h)^2-ZS(-1)^2) / h
Z(-1)S+w	((ZS(-1)+h)^2-ZS(-1)^2) / h
↓	↓

Fig. 1

In der ersten Spalte werden die x-Werte (Schrittweite w) und in der zweiten Spalte der Wert des Differenzenquotienten für den Parameterwert h berechnet. In Fig. 2 ist die Gestaltung einer solchen Tabelle wiedergegeben.

	A	B	C
1	Ableitungsfunktion	Parameter	
2	f(x)=x^2	x0	<Eingabe x0>
3		w	<Eingabe w>
4		h	<Eingabe h>
5			
6	x	Sekantensteigung	f(x)
7	=x0	=((A7+h)^2-A7^2)/h	=A7^2
8	=A7+w	=((A8+h)^2-A8^2)/h	=A8^2
9	=A8+w	=((A9+h)^2-A9^2)/h	=A9^2
...	↓	↓	↓

Fig. 2

Die Tabelle in Fig. 2 ist um eine dritte Spalte erweitert, in der die Funktionswerte von f berechnet werden. Hierdurch können im Diagramm die Schaubilder von f und f' gemeinsam dargestellt werden. Die Darstellung der Daten in Spalte B über den Daten der Spalte A liefert (näherungsweise) ein Schaubild der Ableitungsfunktion f'. Die Daten in Spalte C ergeben das Schaubild von f.

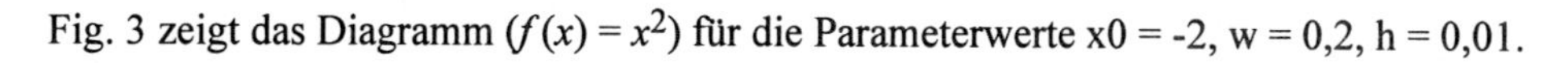

Fig. 3 zeigt das Diagramm ($f(x) = x^2$) für die Parameterwerte x0 = -2, w = 0,2, h = 0,01.

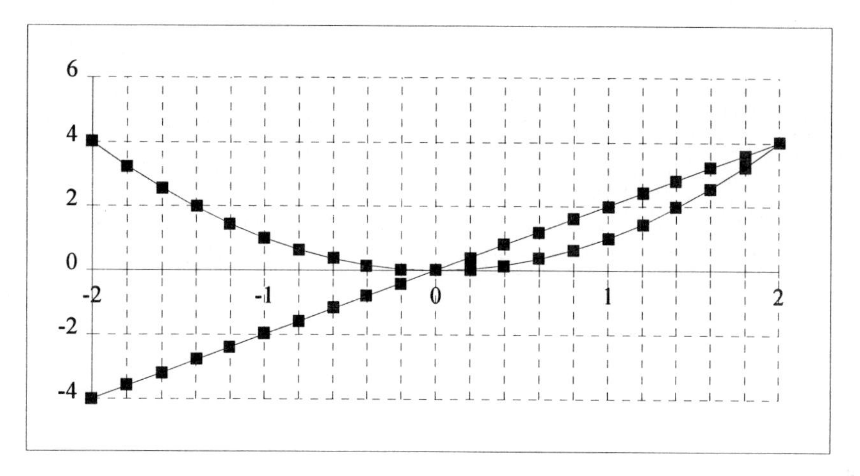

Fig. 3

Bemerkungen und Aufgaben

1. Aus dem Diagramm in Fig. 3 läßt sich für die Parameterwerte x0 = -2 und h = 0,1 die Funktionsgleichung für f' ablesen: $f'(x) = 2x$.
   Erstelle mit der Tabelle in Fig. 2 das Diagramm für andere Parameterwerte x0 und h und lies die Funktionsgleichung von f' ab.
   Beweise die hierbei gemachte Vermutung über die Ableitungsfunktion f'.

2. Erstelle eine Tabelle und ein Diagramm wie in Fig. 2/3. Benütze wie in Fig. 3 die Schrittweite w = 0,2 und 21 Stützstellen.
   Zu welcher Vermutung über die Ableitungsfunktion führt das Diagramm?
   Beweise die Vermutung.

   a) $f(x) = x,\quad x_0 = -2$ b) $f(x) = x^3,\quad x_0 = -2$

   c) $f(x) = x^4,\quad x_0 = -2$ d) $f(x) = x^5,\quad x_0 = -2$

   e) $f(x) = \dfrac{1}{x},\quad x_0 = 1$ f) $f(x) = \dfrac{1}{x^2},\quad x_0 = 1$

g) $f(x)=\frac{1}{x^3}$, $x_0=1$

h) $f(x)=\frac{1}{x^4}$, $x_0=1$

i) $f(x)=\sqrt{x}$, $x_0=1$

j) $f(x)=x^{0,3}$, $x_0=1$

k) $f(x)=\sin(x)$, $x_0=0$

l) $f(x)=\cos(x)$, $x_0=0$

m) $f(x)=e^x$, $x_0=0$

n) $f(x)=\ln(x)$, $x_0=1$

o) $f(x)=e^{-x}$, $x_0=0$

p) $f(x)=\ln(x^2)$, $x_0=1$

3. Ergänze die Tabelle in Fig. 2 durch zusätzliche Parameter a und c und erstelle ein Diagramm für f und f'. Benütze wie in Fig. 3 die Schrittweite w = 0,2 und 21 Stützstellen. Untersuche für verschiedene Werte der Parameter a und c das Schaubild von f'. Zu welcher Vermutung über die Ableitungsfunktion führt das Diagramm?
Beweise jeweils die Vermutung.

a) $f(x)=ax^2$, $x_0=-2$

b) $f(x)=x^2+c$, $x_0=-2$

c) $f(x)=(ax)^2$, $x_0=-2$

d) $f(x)=ax^2+c$, $x_0=-2$

4. Verfahre wie in Aufgabe 3 (Schrittweite w = 0,2; 33 Stützstellen; zusätzliche Parameter: a, c, k).

a) $f(x)=a\sin(x)$, $x_0=0$

b) $f(x)=\sin(kx)$, $x_0=0$

c) $f(x)=a\sin(x)+c$, $x_0=0$

d) $f(x)=\sin(kx)+c$, $x_0=0$

e) $f(x)=a\cos(x)$, $x_0=0$

f) $f(x)=\cos(kx)$, $x_0=0$

g) $f(x)=a\cos(x)+c$, $x_0=0$

h) $f(x)=\cos(kx)+c$, $x_0=0$

5. Verfahre wie in Aufgabe 3 (Schrittweite w = 0,2; 21 Stützstellen; zusätzliche Parameter: a, c).

a) $f(x)=c\,e^x$, $x_0=0$

b) $f(x)=e^{ax}$, $x_0=0$

c) $f(x)=c\ln(x)$, $x_0=1$

d) $f(x)=\ln(ax)$, $x_0=1$

26 Unter- und Obersummen

Die "Rechteckmethode" dient zur Bestimmung eines Näherungswertes für den Inhalt einer krummlinig begrenzten Fläche.

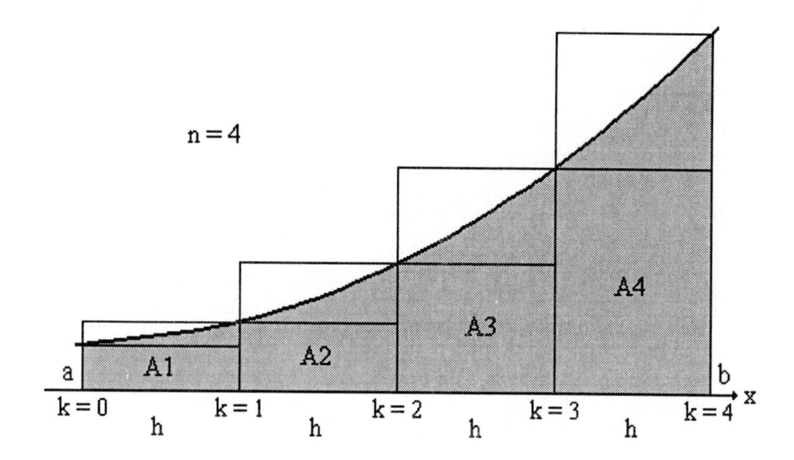

Fig. 1

Die Funktion f sei in $[a, b]$ stetig und monoton steigend (Fig. 1). Die Fläche unter der Kurve zwischen $x = a$ und $x = b$ wird durch Parallelen zur y-Achse in n gleichbreite Teilflächen eingeteilt (Fig. 1). Jede Teilfläche hat dann die Breite $h = (b - a)/n$. Der Inhalt einer einzelnen Teilfläche kann durch den Inhalt von zwei Rechtecken abgeschätzt werden, von denen das eine möglichst hoch ist, aber ganz innerhalb der Teilfläche liegt, während das andere möglichst klein ist, aber die Teilfläche vollständig umfaßt. Mit Hilfe dieser beiden Rechtecke läßt sich der Inhalt A_k der k-ten (k>0) Teilfläche wie folgt abschätzen:

$$h \cdot f(x_{k-1}) \leq A_k \leq h \cdot f(x_k).$$

Mit den beiden Summen aller Rechtecksinhalte

$$U_n = \sum_{k=0}^{n-1} f(a+k \cdot h)\, h \quad \text{und} \quad O_n = \sum_{k=1}^{n} f(a+k \cdot h)\, h \qquad (*)$$

läßt sich der Flächeninhalt A unter der Kurve abschätzen:

$$U_n \leq A \leq O_n.$$

U_n wird als Untersumme, O_n als Obersumme bezeichnet.

Bei monoton fallenden Funktionen ergeben sich anstatt (*) die Beziehungen

$$U_n = \sum_{k=1}^{n} f(a+k\cdot h)\,h \quad \text{und} \quad O_n = \sum_{k=0}^{n-1} f(a+k\cdot h)\,h.$$

Die Berechnung von U_n und O_n kann in einer Tabelle durchgeführt werden.

Mit den Konstanten (vgl. Fig. 1)

a für die untere Grenze ,
b für die obere Grenze ,
n für die Anzahl der Rechtecke und
h = (b-a)/n für die Breite einer Teilfläche

ergibt sich für den Fall $f(x) = x^2$ bei 4 Teilflächen das folgende Verfahren (Fig. 2).

k	xk	f(xk)*h	Berechnung von Un	Berechnung von On
0	a+ZS(-1)*h	ZS(-1)^2*h	ZS(-1)	"bleibt leer"
Z(-1)S+1	a+ZS(-1)*h	ZS(-1)^2*h	Z(-1)S+ZS(-1)	ZS(-2)
Z(-1)S+1	a+ZS(-1)*h	ZS(-1)^2*h	Z(-1)S+ZS(-1)	Z(-1)S+ZS(-2)
Z(-1)S+1	a+ZS(-1)*h	ZS(-1)^2*h	Z(-1)S+ZS(-1)	Z(-1)S+ZS(-2)
Z(-1)S+1	a+ZS(-1)*h	ZS(-1)^2*h	"bleibt leer"	Z(-1)S+ZS(-2)

Fig. 2

In der ersten Spalte wird der Wert von k hochgezählt und in der zweiten Spalte der Wert x_k berechnet. In der dritten Spalte wird jeweils der Flächeninhalt eines Teilrechtecks berechnet. In den beiden letzten Spalten werden die Inhalte der Teilrechtecke aufaddiert. Auf Grund der Beziehungen (*) fehlt in der Spalte für die Untersumme U_n die Belegung der letzten Zelle. Entsprechend fehlt die Belegung der ersten Zelle in der Spalte für die Obersumme O_n. Die jeweils letzte belegte Zelle der beiden Spalten zur Berechnung von U_n bzw. O_n enthält den Wert für die Unter- bzw. Obersumme.

In Fig. 3 ist die Gestaltung der Tabelle für $n = 4$ wiedergeben.

	A	B	C	D	E
1	Unter-, Obersummen		Parameter		
2	f(x)=x^2		a	<Eingabe a>	
3			b	<Eingabe b>	
4			n	<Eingabe n>	
5			h	=(b-a)/n	
6					
7	k	xk	f(xk)*h	Berechnung von Un	Berechnung von On
8	0	=a+A8*h	=B8^2*h	=C8	
9	=A8+1	=a+A9*h	=B9^2*h	=D8+C9	=C9
10	=A9+1	=a+A10*h	=B10^2*h	=D9+C10	=E9+C10
11	=A10+1	=a+A11*h	=B11^2*h	=D10+C11	=E10+C11
12	=A11+1	=a+A12*h	=B12^2*h		=E11+C12

Fig. 3

Fig. 4 zeigt das Ergebnis für n = 4, a = 0, b = 1.

	A	B	C	D	E
1	Unter-, Obersummen		Parameter		
2	f(x)=x^2		a	0	
3			b	1	
4			n	4	
5			h	0,25	
6					
7	k	xk	f(xk)*h	Berechnung von Un	Berechnung von On
8	0	0	0	0	
9	1	0,25	0,015625	0,015625	0,015625
10	2	0,5	0,0625	0,078125	0,078125
11	3	0,75	0,140625	0,21875	0,21875
12	4	1	0,25		0,46875

Fig. 4

Bemerkungen und Aufgaben

1. Für eine feinere Unterteilung, z.B. in 20 Teilflächen, muß n vergrößert und die Tabelle nach unten soweit fortgesetzt werden, bis in der letzten Zelle der "k"-Spalte der neue Wert von n, in diesem Falle also 20, steht.
   a) Ändere die Tabelle in Fig. 3 für eine Unterteilung in 20 Teilflächen ab. Welcher Wert ergibt sich nun (a = 0, b = 1) für die Unter- und Obersumme?
   b) Aus den Beziehungen (*) folgt für eine monoton steigende Funktion:

   $$O_n - U_n = (f(b) - f(a)) \cdot h$$

   Wie zeigt sich dies in der Tabelle in Fig. 4?
   In wieviel Streifen (a = 0, b = 1) muß bei dem Beispiel in Fig. 3 die Fläche mindestens unterteilt werden, damit sich Unter- und Obersumme um höchstens 0,02 unterscheiden? Ändere die Tabelle entsprechend ab.

2. Bei einer monoton steigenden Funktion (Fig. 1) wird der Inhalt einer Teilfläche mit dem Inhalt A_k abgeschätzt durch

   $$h \cdot f(x_{k-1}) \leq A_k \leq h \cdot f(x_k)$$

   Das arithmetische Mittel

   $$0{,}5 \cdot (h \cdot f(x_{k-1}) + h \cdot f(x_k))$$

   der beiden Werte $h \cdot f(x_{k-1})$ und $h \cdot f(x_k)$ läßt sich umformen in

   $$0{,}5 \cdot h \cdot (f(x_{k-1}) + f(x_k)).$$

Dies ist aber der Flächeninhalt eines Trapezes mit den beiden Grundseiten $f(x_{k-1})$ und $f(x_k)$ und der Höhe h (Fig. 5).

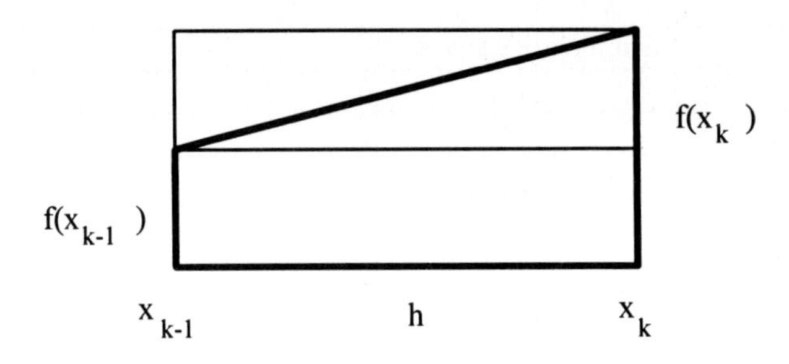

Fig. 5

Das Verfahren, mit Hilfe eines solchen Trapezes den Flächeninhalt einer Teilfläche anzunähern, führt auf die Trapezformel. Das arithmetische Mittel der Unter- und Obersumme liefert in der Regel einen besseren Näherungswert. Allerdings ist hierbei keine einfache Abschätzung mehr möglich. Ergänze die Tabelle in Fig. 3 durch eine weitere Spalte für das arithmetische Mittel von Unter- und Obersumme.

3. Erstelle entsprechend der Tabelle in Fig. 3 für $f(x) = x^3$ eine Tabelle mit den Parametern a, b, n und h zur Berechnung der Unter- und Obersumme.
   a) Was ergibt sich für a = 0, b = 4, n = 100?
   b) Bestimme n so, daß sich bei a = 0, b = 4 die Unter- und Obersumme um höchstens 0,1 unterscheiden .
   c) Ergänze die Tabelle zur Berechnung des arithmetischen Mittels von Unter- und Obersumme.

4. Erstelle entsprechend der Tabelle in Fig. 3 für $f(x) = 1/x$ eine Tabelle mit den Parametern a, b, n und h zur Berechnung der Unter- und Obersumme. Beachte, daß f monoton fallend ist.
   a) Bestimme Unter- und Obersumme für a = 1, b = 2, n = 20. Um wieviel unterscheiden sich die beiden Summen?
   b) Berechne mit der Tabelle bei Unterteilung in 100 Teilflächen die Unter- und Obersumme und deren arithmetisches Mittel für a = 1, b = 2 sowie für a = 1, b = 3.
   c) Versuche mit der Tabelle b so zu bestimmen, daß sich das arithmetische Mittel von Unter- und Obersumme (a = 1; n = 100) um weniger als 0,00001 vom Wert 1 unterscheidet. (Der gefundene Wert ist eine Näherung für die Eulersche Zahl *e*.)

5. Erstelle entsprechend der Tabelle in Fig. 3 für $f(x) = 1/x^2$ eine Tabelle mit den Parametern a, b, n und h zur Berechnung der Unter- und Obersumme. Beachte, daß f monoton fallend ist.
   Welche Unter- und Obersumme bzw. welches arithmetische Mittel der beiden Summen ergibt sich bei a = 1 und n = 20 jeweils für b = 2; 3; 4; 5?
   Zu welcher Vermutung über die Abhängigkeit des Flächeninhalts von der oberen Grenze b könnte man auf Grund des Ergebnisses gelangen?

6. Erstelle entsprechend der Tabelle in Fig. 3 für $f(x) = e^x$ eine Tabelle mit den Parametern a, b, n und h zur Berechnung der Unter- und Obersumme, sowie des arithmetischen Mittels.
   a) Was ergibt sich bei n = 10 für a = 0 und b = 1?
   b) Versuche mit der Tabelle für a = 0 und b = 1 den kleinsten Wert von n zu finden, für den sich die Unter- und die Obersumme um höchstens 0,05 unterscheiden?

7. Erstelle entsprechend der Tabelle in Fig. 3 für $f(x) = \sin(x)$ eine Tabelle mit den Parametern a, b, n und h zur Berechnung der Unter- und Obersumme, sowie des arithmetischen Mittels.
   a) Was ergibt sich bei n = 10 für a = 0 und b = 0,5π?
   b) Versuche mit der Tabelle den kleinsten Wert von n zu finden, für den sich die Unter- und die Obersumme um höchstens 0,02 unterscheiden.
   c) Welche Vermutung ergibt sich für den Inhalt der Flächen unter der Sinuskurve zwischen x = 0 und x = π?

8. Erstelle mit den Parametern a, b, n und h für

$$f(x) = \frac{1}{\sqrt{2\pi}} e^{-0,5x^2}, \quad x \geq 0$$

eine Tabelle zur Berechnung der Unter- und Obersumme, sowie des arithmetischen Mittels. Beachte, daß f für $x > 0$ monoton fallend ist.
Welche Unter- und Obersumme, bzw. arithmetisches Mittel ergibt sich bei a = 0 und n = 100 für b = 1; 2; 3; 4; 5?
Welche Vermutung ergibt sich für den Inhalt der Fläche unter dem Schaubild von f zwischen x = 0 und x = b, wenn b → ∞ geht?

9. Für jede Zahl $t > 0$ ist eine Funktion f_t gegeben durch $f_t(x) = e^{-tx}$.
Das Schaubild von f_t bildet mit den beiden Geraden $x = 0$ und $x = b$ ($b > 0$) und der x-Achse eine Fläche mit dem Inhalt $A(t)$.
   a) Bestimme mit Hilfe einer Tabelle für $t = 1$ und $b = 5$ den Inhalt dieser Fläche möglichst genau. Führe die Parameter b, n und t ein.
   b) Versuche mit der Tabelle für $t = 1$ zu einer Vermutung über den Grenzwert $\lim\limits_{b \to \infty} A(t)$ zu gelangen.
   c) Versuche mit der Tabelle für allgemeines t zu einer Vermutung über den Grenzwert $\lim\limits_{b \to \infty} A(t)$ zu gelangen.

27 Numerische Integration

Um den Flächeninhalt unter dem Schaubild einer stetigen Funktion f näherungsweise zu bestimmen, wird die Fläche durch Parallelen zur y-Achse in gleichbreite Teilflächen der Breite h ($h > 0$) unterteilt. Es wird (zunächst) davon ausgegangen, daß $f(x)$ im betrachteten Intervall nicht negativ ist. Der Inhalt einer jeden Teilfläche wird durch den Inhalt eines Trapezes angenähert (Fig. 1). Die Höhe eines solchen Trapezes ist gleich der Breite h. Die beiden Grundseiten des Trapezes werden von den Ordinaten an den Rändern der Teilflächen gebildet.

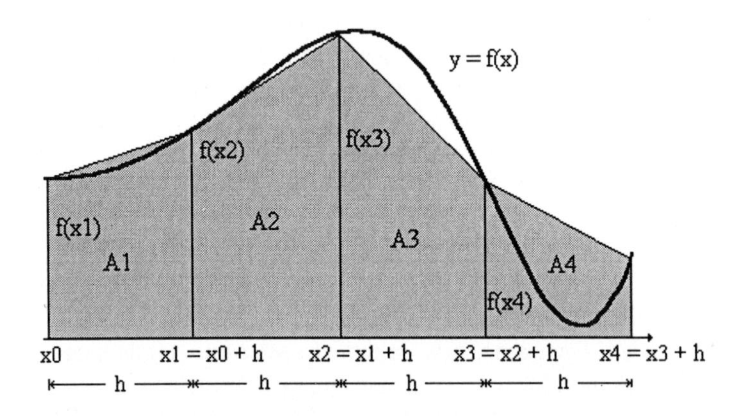

Fig. 1

Der Flächeninhalt eines einzelnen Trapezes ist

$$A_i = \frac{f(x_i) + f(x_{i-1})}{2} \quad (x_i - x_{i-1}); \quad i = 1, 2, ...$$

Wenn alle Streifen gleich breit gemacht werden, haben alle Trapeze die gleiche Höhe

$$h = x_i - x_{i-1}, (i > 0).$$

Die Summe

$$S_k = A_1 + A_2 + A_3 + ... + A_k$$

liefert einen Näherungswert für die Fläche unter dem Schaubild von f zwischen den Ordinaten $x = x_0$ und $x = x_k$. Dieser Näherungswert ist (im Rahmen der Rechengenauigkeit des benützen Systems) umso besser, je kleiner h ($h > 0$) ist.

Die Berechnung der einzelnen Trapezinhalte A_i und der Summe S_k kann in einer Tabelle durchgeführt werden.

Mit den Konstanten

x0 für die linke Grenze der Fläche und
h für die Streifenbreite

ergibt sich z.B. für $f(x) = x^2$ das Verfahren in Fig. 2.

k	xk	f(xk)	Ai	Sk
0	x0+ZS(-1)*h	ZS(-1)^2	0	0
Z(-1)S+1	x0+ZS(-1)*h	ZS(-1)^2	(Z(-1)S(-1)+ZS(-1))*0,5*h	Z(-1)S+ZS(-1)
Z(-1)S+1	x0+ZS(-1)*h	ZS(-1)^2	(Z(-1)S(-1)+ZS(-1))*0,5*h	Z(-1)S+ZS(-1)
↓	↓	↓	↓	↓

Fig. 2

In der ersten Spalte wird der Wert von k hochgezählt und in der zweiten Spalte der x-Wert berechnet. In der dritten Spalte wird der Funktionswert $f(x_k)$ und in der vierten Spalte der Flächeninhalt des betreffenden Trapezes berechnet. In der fünften Spalte werden die Trapezinhalte aufaddiert. In dieser Spalte steht also jeweils der Näherungswerte für die Fläche unter dem Schaubild von f zwischen $x = x_0$ und dem betreffenden x-Wert der zweiten Spalte.

Die Daten der zweiten und der fünfte Spalte bilden für $x \geq x_0$ (näherungsweise) eine Wertetabelle der Funktion

$$I_{x0}\colon\ x \to \int_{x0}^{x} f(x)\,dx.$$

Die Funktion I_{x0} heißt Integralfunktion der Funktion f zur unteren Grenze x_0. Das obige Verfahren liefert auch dann einen Näherungswert für die Intergralfunktion, wenn die Funktion f im betrachteten Intervall negative Werte annimmt. Die Wertetabelle für die Integralfunktion ist umso genauer, je kleiner h ($h > 0$) ist.

In Fig. 3 ist die Gestaltung der Tabelle für $f(x) = x^2$ wiedergegeben.

	A	B	C	D	E
1	Flächeninhaltsfunktion	Parameter			
2	f(x)=x^2	x0	<Eingabe x0>		
3		h	<Eingabe h>		
4					
5	k	xk	f(xk)	Ak	Sk
6	0	=x0+A6*h	=B6^2	0	0
7	=A6+1	=x0+A7*h	=B7^2	=(C6+C7)*0,5*h	=E6+D7
8	=A7+1	=x0+A8*h	=B8^2	=(C7+C8)*0,5*h	=E7+D8
...	↓	↓	↓	↓	↓

Fig. 3

Die Darstellung der Daten in der Spalte E über den Daten der Spalte B liefert für $x \geq x_0$ ein Schaubild der Integralfunktion. Die Darstellung der Daten in der Spalte C als weitere y-Datenreihe ergibt zusätzlich das Schaubild von f.

In Fig. 4 ist für $f(x) = x^2$, $x_0 = 0$ und $h = 0{,}1$ das Schaubild der Funktion f (Quadrate) und ihrer Integralfunktion I_{x0} (Rauten) als Diagramm wiedergegeben ($0 \leq x_k \leq 2$).

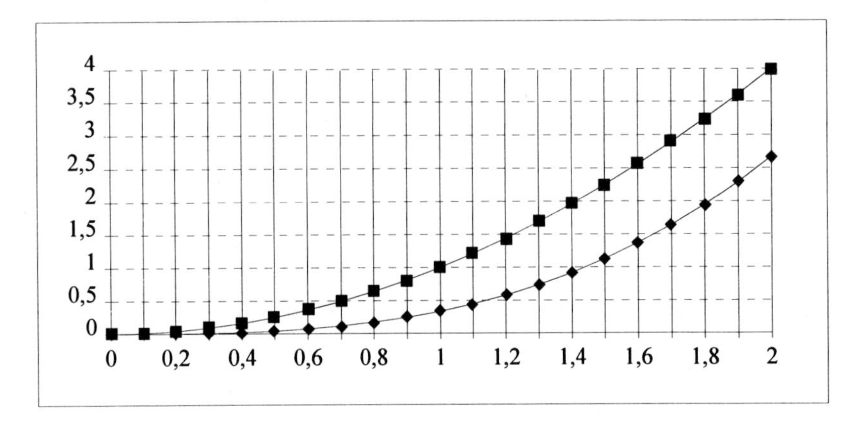

Fig. 4

Bemerkungen und Aufgaben

1. Um für $f(x) = 3x^2$ eine Wertetabelle der Integralfunktion zu bestimmen, muß in der Tabelle in Fig. 3 nur die Formel in der Spalte C geändert werden.
   a) Ändere die Tabelle entsprechend ab und erstelle (x0 = 0; h = 0,1) das Schaubild der Integralfunktion für $x_0 \leq x \leq 2$.
   b) Zu welcher Vermutung über den Zusammenhang zwischen der Funktion f und ihrer Integralfunktion führt das Diagramm in Fig. 4 bzw. das Ergebnis von Teilaufgabe a)?
   c) Erstelle für $f(x) = 1 - x^2$ eine Wertetabelle für die Integralfunktion (x0 = -2, h = 0,2) für x0 ≤ x ≤ 2.
   Erzeuge das Schaubild der Funktion f und ihrer Integralfunktion. Erkläre anhand des Schaubildes von f den Verlauf des Schaubildes der Integralfunktion.

2. Erstelle eine Tabelle wie in Fig. 3 und erzeuge für die angegebenen Parameterwerte das Schaubild der Integralfunktion und das Schaubild von f.
   Welchen Zusammenhang zwischen der Funktion f und der Integralfunktion könnte man auf Grund des Diagramms vermuten?

   a) $f(x) = x;\quad x_0 = 0;\quad h = 0{,}1;\quad x_0 \leq x \leq 5$

   b) $f(x) = x^3;\quad x_0 = 0;\quad h = 0{,}1;\quad x_0 \leq x \leq 2$

   c) $f(x) = \sin(x);\quad x_0 = 0;\quad h = 0{,}1;\quad x_0 \leq x \leq 6{,}3$

d) $f(x)=\cos(x);\quad x_0=0;\quad h=0{,}1;\quad x_0\le x\le 6{,}3$

e) $f(x)=\frac{1}{x};\quad x_0=1;\quad h=0{,}1;\quad x_0\le x\le 5$

f) $f(x)=\sqrt{x};\quad x_0=0;\quad h=0{,}1;\quad x_0\le x\le 4$

g) $f(x)=e^x;\quad x_0=0;\quad h=0{,}1;\quad x_0\le x\le 2$

3. Erstelle eine Tabelle wie in Fig. 3 und erzeuge für die angegebenen Parameterwerte das Schaubild der Integralfunktion und der Funktion *f.*

a) $f(x)=\frac{x-1}{x+1};\quad x_0=0;\quad h=0{,}1;\quad x_0\le x\le 8$

b) $f(x)=\frac{x^2-4}{x^2+4};\quad x_0=-5;\quad h=0{,}1;\quad x_0\le x\le 5$

4. Erstelle eine Tabelle wie in Fig. 3 und erzeuge für die angegebenen Parameterwerte das Schaubild der Integralfunktion und der Funktion *f.*

$$f(x)=\frac{1}{1+x^2};\quad x_0=0;\quad h=0{,}1;\quad x_0\le x\le 10.$$

Untersuche mit der Tabelle (Diagramm), ob die Fläche, die von dem Schaubild von *f*, der *x*-Achse und den beiden Geraden $x = 0$ und $x = t$ gebildet wird, für $t \to \infty$ einen endlichen Flächeninhalt hat.

5. Führe in der Tabelle nach Fig. 3 zusätzlich den Parameter c ein, so daß die Schaubilder für verschiedene Parameterwerte von c untersucht werden können.

$$f_c(x)=\frac{c}{c+x^2};\quad c>0;\quad x_0=0;\quad h=0{,}1;\quad x_0\le x\le 20$$

a) Erzeuge das Schaubild der Integralfunktion für c = 1; 2; 3; 4; 9; 16; 25.
b) Eine Fläche wird begrenzt von der positiven *y*-Achse, der positiven *x*-Achse und dem Schaubild von f_c und reicht längs der positiven *x*-Achse bis nach Unendlich. Für $c = 1$ hat diese Fläche den Inhalt $0{,}5\pi$.
Untersuche mit der Tabelle (Diagramm), wie der Inhalt der beschriebenen Fläche von *c* abhängt.

6. Führe in der Tabelle nach Fig. 3 zusätzlich einen Parameter c ein, so daß die Schaubilder für verschiedene Parameterwerte von c untersucht werden können.

$$f_c(x)=c\,e^{-0{,}5x^2}$$

a) Erstelle eine Tabelle nach Fig. 3 und erzeuge das Schaubild von f_c und von der Integralfunktion für c = 0,25; 0,5; 1.

b) Eine Fläche wird begrenzt von der positiven y-Achse, der positiven x-Achse und dem Schaubild von f_c und reicht längs der positiven x-Achse bis nach Unendlich. Bestimme mit Hilfe der Tabelle (Diagramm) die Konstante c so, daß die beschriebene Fläche den Inhalt 0,5 hat.

7. Erstelle eine Tabelle und erzeuge das Schaubild von f und von der Integralfunktion

a) $f(x) = \begin{cases} \frac{\sin(x)}{x} & \textit{für } x > 0 \\ 1 & \textit{für } x = 0 \end{cases}; \quad x0 = 0; \quad h = 0{,}1; \quad 0 \le x \le 7$

b) $f(x) = \frac{e^x}{x}; \quad x0 = 1; \quad h = 0{,}1; \quad 1 \le x \le 8$

8. Fig. 5 zeigt für x ≥ 1 das Verfahren zur Berechnung einer Wertetabelle der Integralfunktion von $f(x) = 1/x$ für die untere Grenze $x_0 = 1$.

k	xk	f(xk)	Ai	Sk
0	x0+ZS(-1)*h	1/ZS(-1)	0	0
Z(-1)S+1	x0+ZS(-1)*h	1/ZS(-1)	(Z(-1)S(-1)+ZS(-1))*0,5*h	Z(-1)S+ZS(-1)
Z(-1)S+1	x0+ZS(-1)*h	1/ZS(-1)	(Z(-1)S(-1)+ZS(-1))*0,5*h	Z(-1)S+ZS(-1)
↓	↓	↓	↓	↓

Fig. 5

In Fig. 6 ist das Verfahren unter Beibehaltung der unteren Grenze $x_0 = 1$ für x-Werte, die kleiner sind als x_0 erweitert.

k	xk	f(xk)	Ai	Sk
↑	↑	↑	↑	↑
Z(1)S-1	x0+ZS(-1)*h	1/ZS(-1)	(ZS(-1)+Z(1)S(-1))*0,5*h	Z(1)S-ZS(-1)
Z(1)S-1	x0+ZS(-1)*h	1/ZS(-1)	(ZS(-1)+Z(1)S(-1))*0,5*h	Z(1)S-ZS(-1)
0	x0+ZS(-1)*h	1/ZS(-1)	0	0
Z(-1)S+1	x0+ZS(-1)*h	1/ZS(-1)	(Z(-1)S(-1)+ZS(-1))*0,5*h	Z(-1)S+ZS(-1)
Z(-1)S+1	x0+ZS(-1)*h	1/ZS(-1)	(Z(-1)S(-1)+ZS(-1))*0,5*h	Z(-1)S+ZS(-1)
↓	↓	↓	↓	↓

Fig. 6

Erstelle nach diesem Verfahren eine Tabelle (h = 0,1) und erzeuge das Schaubild der Integralfunktion

$$I_1 : x \to \int_1^x \frac{1}{x}\, dx; \quad 0{,}1 \le x \le 2.$$

28 Differentialgleichungen der Form $y' = g(x, y)$

Bei der Behandlung von Differentialgleichungen wird der Funktionswert einer Funktion oft mit y anstelle von $f(x)$ bezeichnet. Entsprechend steht y' für $f'(x)$. Im folgenden wird von beiden Bezeichnungsmöglichkeiten Gebrauch gemacht. Eine Gleichung der Form $y' = g(x, y)$ besagt, daß der Wert der Ableitung einer (nicht bekannten) Funktion sowohl vom Argument x als auch vom Funktionswert y abhängen kann.

Beispiel: $y' = 2x + y$.
Nach dieser Gleichung hat die (unbekannte) Funktion z.B. für x = 1 und y = 1 den Ableitungswert $2 \cdot 1 + 1 = 3$. Wenn das Schaubild der Funktion durch den Punkt Q(1 | 1) gehen würde, hätte die Tangente in diesem Punkt also die Steigung 3.
Durch die Gleichung $y' = g(x, y)$ wird jedem Punkt der xy-Ebene, für den die Funktion g definiert ist, eine Steigung zugeordnet. Eine solche Differentialgleichung zu lösen, bedeutet, eine Funktion zu bestimmen, welche die gegebene Differentialgleichung erfüllt.
Für einfache Fälle läßt sich die gesuchte Funktion angeben. Wie sich leicht nachprüfen läßt, erfüllt z. B. die Funktion f mit $f(x) = 0{,}5\,x^2$ die Differentialgleichung $y' = x$. Darüber hinaus ist jede Funktion f mit $f(x) = 0{,}5\,x^2 + c$ Lösung der Differentialgleichung $y' = x$. Um eine spezielle Lösungsfunktion auszuwählen (d.h. um c zu bestimmen), legt man einen Punkt fest, durch den das Schaubild der Funktion f gehen soll. Soll z. B. das Schaubild durch den Punkt $P_0(0 \mid 1)$ gehen ($f(0) = 1$), so ergibt sich als Lösungsfunktion f die Funktion $y = 0{,}5\,x^2 + 1$.

Differentialgleichungen der Form $y' = g(x, y)$ kann man näherungsweise auch numerisch lösen. Soll das Schaubild der gesuchten Lösungsfunktion durch den Punkt $P_0(x_0 \mid y_0)$ gehen, so kann man den Wert der gesuchten Funktion f (Fig. 1) an der Stelle $x_0 + h$ näherungsweise dadurch bestimmen, daß man das Schaubild der gesuchten Funktion im Intervall $[x_0; x_0 + h]$ durch die Tangente an der Stelle x_0 ersetzt.

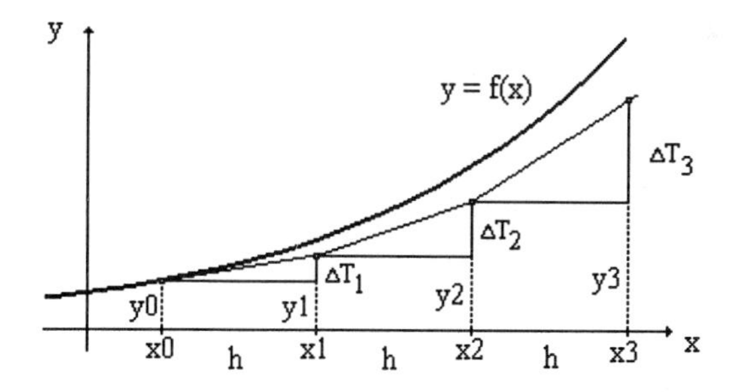

Fig. 1

Der Zuwachs der gesuchten Funktion f kann näherungsweise durch den Zuwachs ΔT der Tangentenfunktion ersetzt werden (Fig. 1).

Somit ist $f(x_0 + h) \approx y_0 + \Delta T$. Der "Tangentenzuwachs" ΔT ist aber gleich $f'(x_0) \cdot h$, so daß sich $f(x_0 + h) \approx y_0 + f'(x_0) \cdot h$ ergibt. Mit dem so erhaltenen Punkt $(x_0 + h \mid y_0 + f'(x_0) \cdot h)$ kann man nun nach derselben Art verfahren. Dadurch läßt sich für eine Folge x_1, x_2, x_3 ... von x-Werten der Funktionswert der gesuchten Funktion schrittweise annähern, indem man wie folgt vorgeht:

1. Wahl von x_0 und y_0 sowie der Schrittweite h. Die Lösungskurve geht durch $P_0(x_0 \mid y_0)$.
2. Berechnung von $f'(x_0) = g(x_0, y_0)$ auf Grund der gegebenen Beziehung $y' = g(x, y)$.
   Berechnung von $x_1 = x_0 + h$ und von $y_1 = y_0 + f'(x_0) \cdot h$.
   Die Lösungskurve geht durch $P_1(x_1 \mid y_1)$.
3. Berechnung von $f'(x_1) = g(x_1, y_1)$ auf Grund der gegebenen Beziehung $y' = g(x, y)$.
   Berechnung von $x_2 = x_1 + h$ und von $y_2 = y_1 + f'(x_1) \cdot h$.
   Die Lösungskurve geht durch $P_2(x_2 \mid y_2)$.
4. ...

Dieses Verfahren heißt auch Streckenzugverfahren nach Euler-Cauchy.

Die Wertepaare $(x_i \mid y_i)$ liefern näherungsweise eine Wertetabelle für die gesuchte Funktion f. Diese Wertetabelle ist in einer Umgebung von x_0 um so genauer, je kleiner die Schrittweite h gewählt wird.

Mit den Konstanten

x0 für die x-Koordinate des Startpunktes,
y0 für die y-Koordinate des Startpunktes und
h für die Schrittweite

läßt sich das geschilderte Verfahren in eine Tabelle übertragen. Fig. 2 zeigt den Aufbau der Tabelle an dem Beispiel $y' = x + y$.

x	y	y'(x,y)	y'(x,y)*h
x0	y0	ZS(-2)+ZS(-1)	ZS(-1)*h
Z(-1)S+h	Z(-1)S+Z(-1)S(+2)	ZS(-2)+ZS(-1)	ZS(-1)*h
Z(-1)S+h	Z(-1)S+Z(-1)S(+2)	ZS(-2)+ZS(-1)	ZS(-1)*h
↓	↓	↓	↓

Fig. 2

In der ersten Spalte werden die x-Werte berechnet. In der zweiten Spalte wird mit Daten der vorhergehenden Zeile der y-Werte berechnet. In der dritten Spalte wird der Wert der Ableitung im Punkt $P(x \mid y)$ und in der vierten Spalte der Zuwachs ΔT der Tangentenfunktion berechnet, der wiederum zur Berechnung des y-Wertes in der nächsten Zeile verwendet wird.

Die beiden ersten Spalten liefern näherungsweise eine Wertetabelle der gesuchten Funktion.

In Fig. 3 ist die Gestaltung der Tabelle für das Beispiel $y' = x + y$ wiedergegeben.

	A	B	C	D
1	Differentialgleichung	y' = x + y		
2				
3	Parameter			
4	x0	<Eingabe x0>		
5	y0	<Eingabe y0>		
6	h	<Eingabe h>		
7				
8	x	y	y'(x, y)	y'(x, y)*h
9	=x0	=y0	=A9+B9	=C9*h
10	=A9+h	=B9+D9	=A10+B10	=C10*h
11	=A10+h	=B10+D10	=A11+B11	=C11*h
...	↓	↓	↓	↓

Fig. 3

Die Darstellung der Daten von Spalte B über den Daten der Spalte A liefert ein Schaubild der gesuchten Funktion. Fig. 4 zeigt für die Parameterwerte x0 = 0, y0 = 1 und h = 1 das Schaubild der Lösungsfunktion.

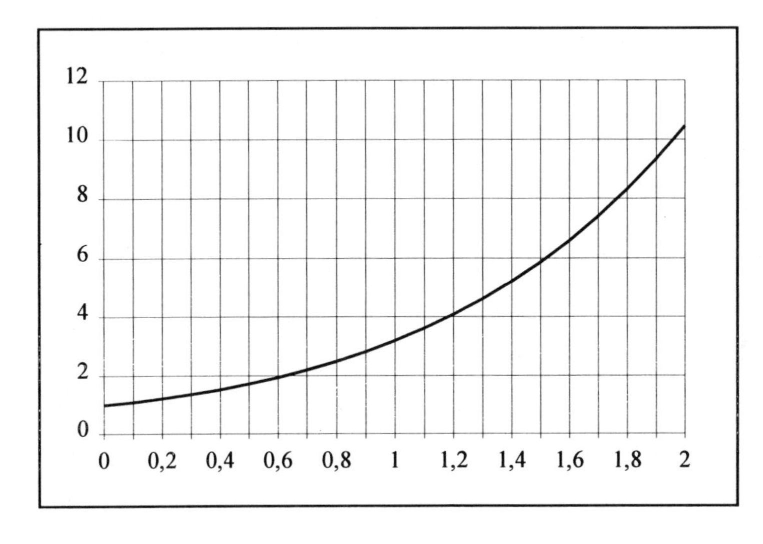

Fig. 4

Bemerkungen und Aufgaben

1. Die nach dem obigen Verfahren gefundene Näherungslösung ist um so besser, je kleiner die Schrittweite h ist und je näher man sich an der Startstelle $(x_0 \mid y_0)$ befindet.
   a) Erstelle entsprechend Fig. 3 für die x-Werte von 0 bis 4 mit der Schrittweite 0,1 eine

Tabelle zur Lösung der Differentialgleichung $y' = x + y$ mit der Anfangsbedingung $f(0) = 1$. Erstelle mit der Tabelle das Schaubild der Lösungsfunktion.

b) Zeige, daß die Differentialgleichung $y' = x + y$ für die Anfangsbedingung $f(0) = 1$ die exakte Lösung $f(x) = 2\,e^x - x - 1$ hat.
Ergänze die in Teilaufgabe a) erstellte Tabelle durch eine Spalte für die exakten Funktionswerte. Ergänze das Diagramm durch das Schaubild der exakten Lösung. In welchem Bereich ist der Fehler gegenüber der exakten Lösung kleiner als 5% ?

c) Untersuche mit der in Teilaufgabe b) erstellten Tabelle, für welche Schrittweite der Fehler an der Stelle $x = 1$ kleiner als 0,1 ist. (Wenn die Schrittweite verkleinert wird, muß eventuell die Tabelle nach unten fortgesetzt werden, da bei gleicher Zeilenzahl mit kleinerer Schrittweite h der für x erreichte Endwert kleiner wird.)

2. Erstelle eine Tabelle zur näherungsweisen Lösung der Differentialgleichung $y' = 3\,x^2$ im Bereich $0 \le x \le 2$ mit der Schrittweite $s = 0{,}01$ und der Anfangsbedingung $f(0) = 1$; (2; 3). Erstelle ein Diagramm. Vergleiche die drei Lösungskurven. Versuche die exakten Lösungen zu finden und vergleiche.

3. Erstelle eine Tabelle und ein Diagramm für die Lösungskurve zur näherungsweisen Lösung der Differentialgleichung $y' = k \cdot y$ im Bereich $0 \le x \le 4$ (Schrittweite = 0,1; $f(0) = 1$) für die Werte $k = 0{,}5$; 1; 2; -1; -2.

4. Erstelle eine Tabelle zur näherungsweisen Lösung der Differentialgleichung und ein Diagramm für die Lösungskurve. Versuche an Hand des Diagramms zu einer Vermutung über die Lösungsfunktion zu gelangen. Beweise die Vermutung.

a) $y' = \sin(x)$, $f(0) = 1$, $0 \le x \le 4$, Schrittweite 0,1

b) $y' = \cos(x)$, $f(0) = 0$, $0 \le x \le 4$, Schrittweite 0,1

c) $y' - e^x = 0$, $f(0) = 1$, $0 \le x \le 4$, Schrittweite 0,1

5. Erstelle eine Tabelle zur näherungsweisen Lösung der Differentialgleichung und ein Diagramm für die Lösungskurve. Versuche an Hand des Diagramms zu einer Vermutung über die Lösungsfunktion zu gelangen. Beweise die Vermutung.

a) $y' = 1 + \sin(x)$, $f(0) = 0$, $0 \le x \le 4$, Schrittweite 0,1

b) $y' = 1 - \cos(x)$, $f(0) = 0$, $0 \le x \le 4$, Schrittweite 0,1

c) $y' - \frac{1}{x} = 0$, $f(1) = 0$, $1 \le x \le 5$, Schrittweite 0,1

6. Erstelle mit den Parametern S, k und y0 eine Tabelle zur näherungsweisen Lösung der Differentialgleichung

$$y' = k \cdot y \cdot (S - y), \quad 0 \le x \le 10.$$

a) Erstelle ein Diagramm der Lösungskurve für $f(0) = 0{,}1$, $k = 0{,}8$; $S = 1$. Welche Asymptote besitzt die Lösungskurve für x gegen Unendlich?

b) Untersuche, mit der Tabelle bzw. mit dem Diagramm, wie bei $f(0) = 0{,}1$ und $k = 0{,}8$ diese Asymptote vom Wert von S abhängt.
c) Untersuche für $k = 0{,}8$, ob die Asymptote von $f(0)$ ($f(0) \neq 0$) abhängt.
d) Untersuche für $0 < S < 10$ und $0{,}1 < f(0) < 1$ sowie $0 < k < 1$ von welchen der Größen $S, f(0)$ und k die Asymptote abhängt.

7. Erstelle eine Tabelle zur näherungsweisen Lösung der Differentialgleichung und ein Diagramm der Lösungskurve.

a) $y' = \sin(y)$, $f(0) = 1$, $0 \le x \le 4$, Schrittweite 0,1

b) $y' = -\frac{y}{x}$, $f(1) = 1$, $1 \le x \le 4$, Schrittweite 0,1

c) $y' = y^2 - 10 \cdot x^2$, $f(0) = 0$, $0 \le x \le 4$, Schrittweite 0,1

8. Verfahre wie in Aufgabe 7.

a) $y' = \sin(x) + \cos(y)$, $f(0) = 0$, $0 \le x \le 13$, Schrittweite 0,1

b) $y' = 1 + \sin(x) + x \cdot \cos(y)$, $f(0) = -1$, $0 \le x \le 13$, Schrittweite 0,1

c) $y' = e^{\sin(x)}$, $f(0) = 2$, $0 \le x \le 13$, Schrittweite 0,1

d) $y' = e^{\sin(x)} - 2 \cdot \cos(y)$, $f(0) = 0$, $0 \le x \le 13$, Schrittweite 0,1

29 Rotationskörper

Durch Rotation des Schaubildes einer im Intervall $[a, b]$ stetigen Funktion f um die x-Achse entsteht ein rotationssysmmetrischer Körper (Fig. 1). Bei der Bestimmung eines Näherungswertes seines Rauminhaltes kann man ähnlich vorgehen wie beim Flächeninhalt einer krummlinig begrenzten Fläche (vgl. Unter- und Obersummen).

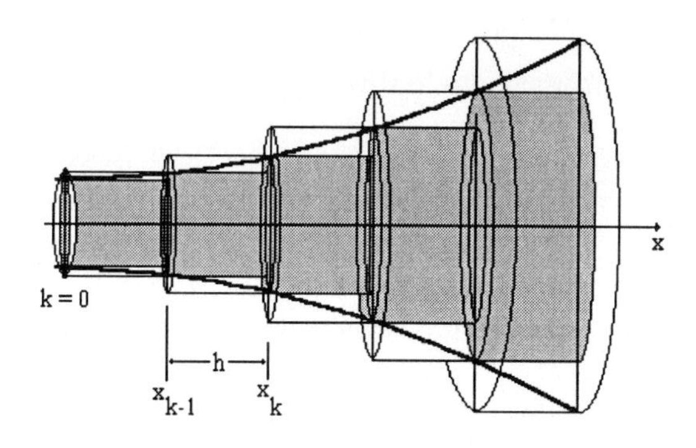

Fig. 1

Die Funktion f sei in $[a, b]$ stetig und monoton steigend. Der Rotationskörper zwischen $x = a$ und $x = b$ wird durch Schnitte senkrecht zur x-Achse in n gleichdicke Teilkörper zerlegt. Jeder Teilkörper hat dann die Höhe $h = (b - a)/n$. Der Rauminhalt eines einzelnen Teilkörpers kann durch den Inhalt von zwei Zylindern abgeschätzt werden, von denen der eine einen möglichst großen Radius hat, aber ganz in dem Teilkörper liegt, während der andere einen möglichst kleinen Radius hat, aber den Teilkörper vollständig umfaßt. Mit Hilfe dieser beiden Zylinder läßt sich der Rauminhalt V_k des k-ten ($k > 0$) Teilkörpers abschätzen:

$$(f(x_{k-1}))^2 \cdot \pi \cdot h \leq V_k \leq (f(x_k))^2 \cdot \pi \cdot h.$$

Mit den beiden Summen

$$U_n = \sum_{k=0}^{n-1} (f(a+k\cdot d))^2 \pi h \quad \text{und} \quad O_n = \sum_{k=1}^{n} (f(a+k\cdot d))^2 \pi h \qquad (*)$$

der Zylinderinhalte gilt dann für den Rauminhalt V des Drehkörpers:

$$U_n \leq V \leq O_n.$$

Die Summen U_n und O_n werden Unter- bzw. Obersumme genannt. Bei einer monoton fallenden Funktion f ergeben sich anstatt (*) die Beziehungen

$$U_n = \sum_{k=1}^{n} (f(a+k\cdot d))^2 \pi h \quad \text{und} \quad O_n = \sum_{k=0}^{n-1} (f(a+k\cdot d))^2 \pi h.$$

Die Summen U_n und O_n lassen sich mit einer Tabelle berechnen.

Mit den Konstanten (Fig. 1)

a für die untere Grenze,
b für die obere Grenze,
n für die Anzahl der Scheiben und
h=(b-a)/n für die Höhe eines Teilkörpers

ergibt sich für $f(x) = x$ bei 5 Teilkörpern das Verfahren in Fig. 2.

k	x	f(a+kd)^2*h*π	Berechnung von Un	Berechnung von On
0	a+ZS(-1)*h	ZS(-1)^2*h*π	ZS(-1)	"bleibt leer"
Z(-1)S+1	a+ZS(-1)*h	ZS(-1)^2*h*π	Z(-1)S+ZS(-1)	ZS(-2)
Z(-1)S+1	a+ZS(-1)*h	ZS(-1)^2*h*π	Z(-1)S+ZS(-1)	Z(-1)S+ZS(-2)
Z(-1)S+1	a+ZS(-1)*h	ZS(-1)^2*h*π	Z(-1)S+ZS(-1)	Z(-1)S+ZS(-2)
Z(-1)S+1	a+ZS(-1)*h	ZS(-1)^2*h*π	Z(-1)S+ZS(-1)	Z(-1)S+ZS(-2)
Z(-1)S+1	a+ZS(-1)*h	ZS(-1)^2*h*π	"bleibt leer"	Z(-1)S+ZS(-2)

Fig. 2

In der ersten Spalte wird der Wert von k hochgezählt und in der zweiten Spalte der Wert von x berechnet. In der dritten Spalte wird der Rauminhalt eines Teilzylinders berechnet. In den beiden letzten Spalten werden die Inhalte der Teilzylinder aufaddiert. Auf Grund der Beziehung (*) fehlt in der Spalte für die Untersumme U_n die Belegung der letzten Zelle. Entsprechend bleibt die erste Zelle in der Spalte für die Obersumme O_n leer.

Fig. 3 zeigt die Gestaltung dieser Tabelle und Fig. 4 die mit den Parameterwerten a = 0, b = 1 und n = 5 berechneten Werte.

	A	B	C	D	E
1	Volumen		Parameter		
2	f(x)=x		a	<Eingabe a>	
3			b	<Eingabe b>	
4			n	<Eingabe n>	
5			h	=(b-a)/n	
6					
7	k	x	f(a+kh)^2*h*pi	Berechnung von Un	Berechnung von On
8	0	=a+A8*h	=B8^2*h*PI()	=C8	
9	=A8+1	=a+A9*h	=B9^2*h*PI()	=D8+C9	=C9
10	=A9+1	=a+A10*h	=B10^2*h*PI()	=D9+C10	=E9+C10
11	=A10+1	=a+A11*h	=B11^2*h*PI()	=D10+C11	=E10+C11
12	=A11+1	=a+A12*h	=B12^2*h*PI()	=D11+C12	=E11+C12
13	=A12+1	=a+A13*h	=B13^2*h*PI()		=E12+C13

Fig. 3

	A	B	C	D	E
1	Volumen		Parameter		
2	f(x)=x		a	0,0000000	
3			b	1,0000000	
4			n	5,0000000	
5			h	0,2000000	
6					
7	k	xk	f(xk)^2*h*pi	Berechnung von Un	Berechnung von On
8	0	0,0000000	0,0000000	0,0000000	
9	1	0,2000000	0,0251327	0,0251327	0,0251327
10	2	0,4000000	0,1005310	0,1256637	0,1256637
11	3	0,6000000	0,2261947	0,3518584	0,3518584
12	4	0,8000000	0,4021239	0,7539822	0,7539822
13	5	1,0000000	0,6283185		1,3823008

Fig. 4

Bemerkungen und Aufgaben

1. Die Rotation des Schaubildes von f mit $f(x) = x$ um die x-Achse erzeugt zwischen $a = 0$ und $b = 1$ einen Kreiskegel der Höhe 1. Sein Volumen ist $\pi/3$. In der Tabelle in Fig. 4 sind die Näherungswerte bei einer Unterteilung des Kegels in 5 Scheiben wiedergegeben.
   a) Um wieviel unterscheiden sich in Fig. 4 die Unter- und die Obersumme? Um wieviel unterscheidet sich die Untersumme (die Obersumme, deren Mittelwert) höchstens vom exakten Wert?
   b) Für eine feinere Unterteilung, z.B. in 10 Teilkörper, muß n vergrößert und die Tabelle soweit nach unten fortgesetzt werden, bis in der letzten Zelle der "k"-Spalte der neue Wert von n, in diesem Falle also 10, steht. Erstelle die Tabelle (Fig. 3) für eine Unterteilung in 10 Teilkörper.
   c) Aus der Beziehung (*) folgt für eine monoton steigende Funktion:

   $$O_n - U_n = ((f(b))^2 - (f(a))^2) \cdot \pi \cdot h.$$

   Wie zeigt sich dies in der Tabelle in Fig. 4?
   In wieviele Teilkörper ($a = 0$, $b = 1$) muß der Kegel unterteilt werden, damit sich die Unter- und die Obersumme um höchstens 0,1 unterscheiden? Ändere die Tabelle entsprechend ab.
   Das arithmetische Mittel $0.5 \cdot (U_n + O_n)$ liefert einen besseren Näherungswert als die Untersumme oder Obersumme selbst. Berechne das arithmetische Mittel und vergleiche es mit dem exakten Wert.

2. Erstelle zur Berechnung des Volumens des Rotationskörpers zwischen $x = a$ und $x = b$ eine Tabelle wie in Fig. 4 . Wähle n so, daß sich die Untersumme und die Obersumme höchstens um ε unterscheiden. Berechne auch das arithmetische Mittel der Unter- und Obersumme.

   a) $f(x) = x^2$; $a = 0$; $b = 1$; $\varepsilon = 0{,}1$ b) $f(x) = \sqrt{x}$; $a = 0$; $b = 4$; $\varepsilon = 0{,}1$

   c) $f(x) = \ln(x)$; $a = 1$; $b = 3$; $\varepsilon = 0{,}1$ d) $f(x) = e^x$; $a = 0$; $b = 1$; $\varepsilon = 0{,}1$

3. Verfahre wie in Aufgabe 2 ($\varepsilon = 0{,}1$). Beachte, daß f monoton fallend ist.

   a) $f(x) = \frac{1}{x}$; $a = 1$; $b = 3$ b) $f(x) = \frac{1}{x^2}$; $a = 1$; $b = 4$

   c) $f(x) = \cos(x)$; $a = 0$; $b = 0{,}5\pi$ d) $f(x) = \frac{1}{(x+1)^2}$; $a = 0$; $b = 2$

4. Verfahre wie in Aufgabe 2 ($\varepsilon = 0{,}1$). Beachte, daß f abschnittsweise monoton steigend bzw. fallend ist und benütze Symmetrieeigenschaften des Rotationskörpers.

   a) $f(x) = -x^2 + 4$; $a = -2$; $b = 2$ b) $f(x) = \sin(x)$; $a = 0$; $b = \pi$

   c) $f(x) = (x-2)^2$; $a = 0$; $b = 4$ d) $f(x) = 1 + \sin(x)$; $a = 0$; $b = \pi$

5. Durch $f(x)=\sqrt{1-x^2}$, $-1 \le x \le 1$ wird ein Halbkreis mit dem Radius 1 dargestellt. Bei Rotation um die x-Achse entsteht eine Kugel. Berechne mit einer Tabelle einen Näherungswert für das Kugelvolumen.

6. Bei Rotation des Schaubildes von f um die x-Achse entsteht zwischen $a = 0$ und $b = k$ ($k > 0$) ein Rotationskörper. Untersuche mit einer Tabelle, ob dieser Körper für $k \to \infty$ ein endliches Volumen besitzt.

   a) $f(x)=e^{-x}$ b) $f(x)=\frac{1}{x+1}$ c) $f(x)=\frac{1}{1+x^2}$ d) $f(x)=\frac{1}{1+\sqrt{x}}$

7. Die Schaubilder von f und g mit $f(x) = \sin(x)$ und $g(x) = 2\sin(x)$ begrenzen zwischen $x = 0$ und $x = \pi$ eine Fläche, die um die x-Achse rotiert. Erstelle eine Tabelle zur näherungsweisen Berechnung des Volumens des Rotationskörpers.

8. Erstelle mit Hilfe einer Tabelle eine Wertetabelle und zeichne das Schaubild von f.
   $f(x)=\frac{1}{4}\sqrt{144-9x^2}$
   Durch Rotation des Schaubildes um die x-Achse entsteht ein Rotationsellipsoid. Berechne mit einer Tabelle sein Volumen möglichst genau.

9. Das Schaubild der Funktion f mit
   $f(x)=\frac{1}{\sqrt[4]{16-x}}$; $0 \le x < 16$
   bildet bei Rotation um die x-Achse zwischen $x = 0$ und $x = t$, $t < 16$ einen Drehkörper. Untersuche mit einer Tabelle, ob dieser Drehkörper für $t \to 16$ einen endlichen Rauminhalt besitzt.

30 Länge eines Kurvenbogens

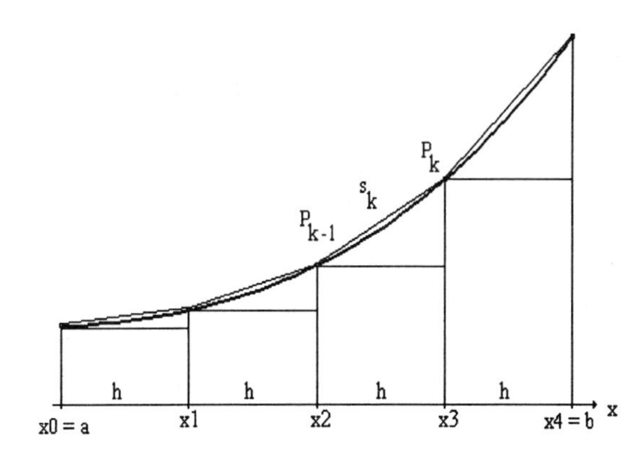

Um die Länge eines Kurvenbogens näherungsweise bestimmen zu können, wird die Kurve durch einen Streckenzug ersetzt, dessen Eckpunkte auf der Kurve liegen (Fig. 1). Die Länge dieses Streckenzuges ist ein Näherungswert für die Länge des Kurvenbogens.

Fig. 1

Die Kurve ($a \le x \le b$) sei das Schaubild einer stetigen Funktion f. Das Intervall $[a, b]$ wird in n gleichlange Teilintervalle der Länge h geteilt. Eine Teilstrecke zwischen zwei Kurvenpunkten $P_{k-1}(x_{k-1} \mid f(x_{k-1}))$ und $P_k(x_k \mid f(x_k))$ hat die Länge

$$s_k = \sqrt{(f(x_k) - f(x_{k-1}))^2 + h^2}, \quad k = 1, 2, ..., n.$$

Die Summe $s = s_1 + s_2 + ... + s_n$ aller Teilstreckenlängen ist der gesuchte Näherungswert.

Mit $\quad x_k - x_{k-1} = \dfrac{b-a}{n} = h; \quad k = 1, 2, ..., n$

ist $\quad s_k = \sqrt{(f(a + k \cdot h) - f(a + (k-1) \cdot h))^2 + h^2}; \quad k = 1, 2, ..., n.$

Mit den Konstanten

a für den Anfangswert (s. Fig.1),
b für den Endwert (s. Fig.1),
n für die Anzahl der Teilstrecken und
h für die Schrittweite

ergibt sich z. B. für $f(x) = x^2$ das Verfahren zur Berechnung des Näherungswertes (Fig. 2).

k	x	f(x)	sk	Bogenlänge
0	a+ZS(-1)*h	ZS(-1)^2	0	0
Z(-1)S+1	a+ZS(-1)*h	ZS(-1)^2	WURZEL((ZS(-1)-Z(-1)S(-1))^2+h^2)	Z(-1)S+ZS(-1)
Z(-1)S+1	a+ZS(-1)*h	ZS(-1)^2	WURZEL((ZS(-1)-Z(-1)S(-1))^2+h^2)	Z(-1)S+ZS(-1)
↓	↓	↓	↓	↓

Fig. 2

In der ersten Spalte wird der Wert von k hochgezählt. In der zweiten Spalte wird der x-Wert des Punktes P_k berechnet. In der dritten Spalte wird der Funktionswert an der Stelle x_k und in der vierten Spalte die Länge der k-ten Teilstrecke berechnet. In der fünften Spalte werden die Längen der Teilstrecken aufaddiert.

Fig. 3 zeigt die Gestaltung der Tabelle für $f(x) = x^2$.

	A	B	C	D	E
1	Bogenlänge für f(x)=x^2		Parameter		
2			a	<Eingabe a>	
3			b	<Eingabe b>	
4			n	<Eingabe n>	
5			h	=(b-a)/n	
6					
7	k	x	f(x)	sk	Bogenlänge
8	0	=a+A8*h	=B8^2	0	0
9	=A8+1	=a+A9*h	=B9^2	=WURZEL((C9-C8)^2+h^2)	=E8+D9
10	=A9+1	=a+A10*h	=B10^2	=WURZEL((C10-C9)^2+h^2)	=E9+D10
...	↓	↓	↓	↓	↓

Fig. 3

In Fig. 4 ist das Ergebnis für die Parameterwerte a = 0, b = 1, n = 10 wiedergegeben.

	A	B	C	D	E
1	Bogenlänge für f(x)=x^2		Parameter		
2			a	0	
3			b	1	
4			n	10	
5			h	0,1	
6					
7	k	x	f(x)	sk	Bogenlänge
8	0	0	0	0	0
9	1	0,1	0,01	0,100498756	0,100498756
10	2	0,2	0,04	0,104403065	0,204901821
11	3	0,3	0,09	0,111803399	0,31670522
12	4	0,4	0,16	0,122065556	0,438770776
13	5	0,5	0,25	0,13453624	0,573307017
14	6	0,6	0,36	0,148660687	0,721967704
15	7	0,7	0,49	0,164012195	0,885979899
16	8	0,8	0,64	0,180277564	1,066257463
17	9	0,9	0,81	0,197230829	1,263488292
18	10	1	1	0,214709106	1,478197397

Fig.4

Bemerkungen und Aufgaben

1. Die exakte Länge des Kurvenbogens zwischen den Kurvenpunkten $P(a \mid f(a))$ und $Q(b \mid f(b))$ ist durch das Integral

$$\int_a^b \sqrt{1+(f'(x))^2}\,dx$$

gegeben. Schon bei einfachen Funktionen f wie bei $f(x) = x^2$ macht die Auswertung dieses Integrals Schwierigkeiten. Bei dem Beispiel $f(x) = x^2$ ergibt das Integral bei $a = 0$ und $b = 1$:

$$\int_0^1 \sqrt{1+(2x)^2}\,dx = \frac{1}{2}\sqrt{5} + \frac{1}{4}\ln(2+\sqrt{5}) \approx 1{,}478942858...$$

Untersuche mit der Tabelle von Fig. 3, auf wieviele Stellen nach dem Komma der Näherungswert mit dem exakten Wert übereinstimmt, wenn $n = 50$ (100) ist.

2. Durch

$$f(x) = \sqrt{1-x^2}$$

wird ein Halbkreis mit dem Radius 1 dargestellt.

a) Zeige, daß das Bogenstück (Fig. 5) zwischen den Punkten P(0 | 1) und Q(0,5 | f(0,5)) genau 1/12 des gesamten Kreisumfangs ist.

b) Benütze dies, um mit einer Tabelle eine Näherung für die Kreiszahl π zu berechnen.

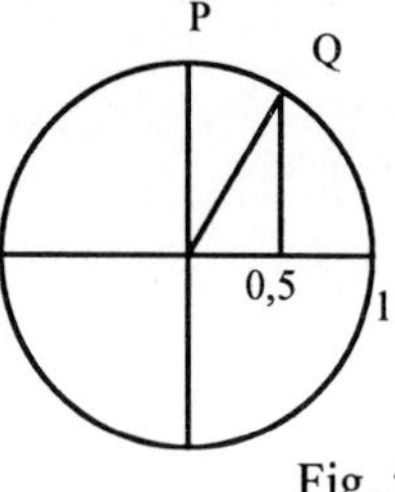

Fig. 5

3. Bestimme mit einer Tabelle wie in Fig. 3 die Länge des Kurvenbogens zwischen den Kurvenpunkten P(a | f (a)) und Q(b | f (b)) möglichst genau. Führe wie in Fig. 3 die Parameter a, b, n und h ein und wähle n geeignet (n ≥ 40).

a) $f(x) = 2^x, \quad a = 0, \quad b = 1, \quad (a = 0, \quad b = 2)$

b) $f(x) = e^x, \quad a = 0, \quad b = 1, \quad (a = 1, \quad b = 2)$

c) $f(x) = \sin(x), \quad a = 0, \quad b = \pi, \quad (a = 0, \quad b = 2\pi)$

d) $f(x) = \sin(2x), \quad a = 0, \quad b = \pi, \quad (a = 0, \quad b = 2\pi)$

e) $f(x) = \tan(x), \quad a = 0, \quad b = 0{,}25\pi, \quad (a = 0, \quad b = 0{,}125\pi)$

f) $f(x) = \frac{1}{x}, \quad a = 1, \quad b = 2, \quad (a = 1, \quad b = 3)$

g) $f(x) = \sqrt{x}, \quad a = 0, \quad b = 4, \quad (a = 0, \quad b = 9)$

h) $f(x) = \ln(x), \quad a = 1, \quad b = 2, \quad (a = 1, \quad b = 3)$

4. Für jede Zahl $t > 0$ ist eine Funktion f_t gegeben durch

$$f_t(x) = \frac{x^2}{t}.$$

a) Bestimme für $t = 1$ mit einer Tabelle die Bogenlänge zwischen den Kurvenpunkten P(0 | f(0)) und Q(1 | f(1)).

b) Ändere die Tabelle von Teilaufgabe a) durch Einführen eines zusätzlichen Parameters t so ab, daß bei dem Schaubild von f_t für verschiedene Werte von t die Bogenlänge bestimmt werden kann. Prüfe mit dieser Tabelle das Ergebnis von Teilaufgabe a) nach.

c) Versuche mit der Tabelle von Teilaufgabe b) zu einer Vermutung zu gelangen, wie bei dem Schaubild von f_t die Bogenlänge zwischen den Punkten P(0 | f (0)) und Q(t | f(t)) von t abhängt.

5. Für jede Zahl $t > 0$ ist eine Funktion f_t gegeben durch

$$f_t(x) = \ln(tx); \quad x > 0.$$

a) Bestimme für $t = 1$ mit einer Tabelle die Bogenlänge zwischen $P(1 \mid f(1))$ und $Q(3 \mid f(3))$.

b) Ändere die Tabelle von Teilaufgabe a) durch Einführen eines zusätzlichen Parameters t so ab, daß bei dem Schaubild von f_t für verschiedene Werte von t die Bogenlänge bestimmt werden kann. Prüfe mit dieser Tabelle das Ergebnis von Teilaufgabe a) nach.

c) Versuche mit der Tabelle von Teilaufgabe b) zu einer Vermutung zu gelangen, wie die Bogenlänge zwischen den Punkten $P(1 \mid f(1))$ und $Q(3 \mid f(3))$ von t abhängt.

6. Die Astroide wird beschrieben durch die Relation $x^{\frac{2}{3}} + y^{\frac{2}{3}} = t^{\frac{2}{3}}$.

Das Bogenstück im ersten Feld wird beschrieben durch $y = \sqrt{(t^{\frac{2}{3}} - x^{\frac{2}{3}})^3}$.
Die Astroide ist punktsymmetrisch zum Ursprung.
Die "Eckpunkte" der Astroide sind
$E_1(t \mid 0)$, $E_2(0 \mid t)$, $E_3(-t \mid 0)$, $E_4(0 \mid -t)$.

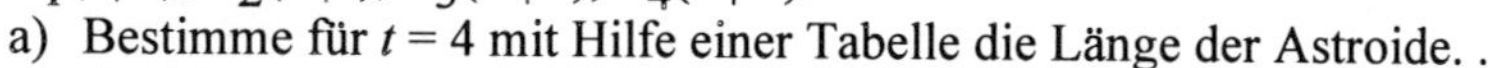

a) Bestimme für $t = 4$ mit Hilfe einer Tabelle die Länge der Astroide. .

b) Ändere die Tabelle von Teilaufgabe a) durch Einführen eines Parameters t so ab, daß für verschiedene Werte von t die Länge der Astroide bestimmt werden kann. Zu welcher Vermutung über den Zusammenhang zwischen t und der Länge der Astroide führt die Tabelle?

7. Ein an zwei, symmetrisch zur y-Achse liegenden Punkten, aufgehängtes vollkommen biegsames und sich nicht ausdehnendes Seil (Kette) nimmt die Form der Kettenlinie

$$f(x) = \frac{t}{2}\left(e^{\frac{x}{t}} + e^{\frac{-x}{t}}\right) \text{ an.}$$

Die Kettenlinie ist achsensymmetrisch zur y-Achse und hat in $(0 \mid t)$ einen Tiefpunkt.

a) Erstelle eine Tabelle wie in Fig. 3. Erstelle für $t = 1$ in einem Diagramm das Schaubild für $-1 \leq x \leq 1$. Bestimme mit Hilfe der Tabelle für $t = 1$ die Länge des Seiles, wenn die beiden Aufhängepunkte die x-Koordinaten -1 und 1 haben.

b) Ändere die Tabelle von Teilaufgabe a) durch einen zusätzlichen Parameter t so ab, daß für verschiedene Werte von t die Seillänge bestimmt werden kann. Prüfe mit dieser Tabelle das Ergebnis von Teilaufgabe a) nach.

c) Ein Seil ist 3 m lang und ist an den zwei Punkten mit den x-Koordinaten -1 und 1 aufgehängt. Bestimme mit der Tabelle von Teilaufgabe b) durch Probieren den Parameterwert t. Erstelle ein Diagramm für das Schaubild. Um wieviel hängt das Seil durch?

V Näherungsverfahren

31 Halbierungsverfahren

Hat eine stetige Funktion f an den Randpunkten eines Intervalls $[a, b]$ Funktionswerte $f(a)$ und $f(b)$ mit verschiedenen Vorzeichen, so besitzt f im Inneren des Intervalls mindestens eine Nullstelle.

Bestimmt man das Vorzeichen des Funktionswertes $f(\frac{a+b}{2})$ in der Mitte des Intervalls, so kann man eine Nullstelle in einem Intervall der halben Länge einschließen. Dabei hat die Funktion in dessen Randpunkten wieder unterschiedliches Vorzeichen. Vom Sonderfall, daß (a + b)/2 eine Nullstelle ist, sehen wir im folgenden ab.

Ausgehend vom Intervall $[a, b]$ wird ein Intervall $[a_1, b_1]$ nach folgender Vorschrift bestimmt:

Wenn $f(a) \cdot f(\frac{a+b}{2}) < 0$ ist

dann wird $a_1 = a$ und $b_1 = \frac{a+b}{2}$ gewählt,

sonst wird $a_1 = \frac{a+b}{2}$ und $b_1 = b$ gewählt.

Das Intervall $[a_1, b_1]$ hat die halbe Länge des Intervalls $[a, b]$, und es enthält mindestens eine Nullstelle.

Dieser Schritt läßt sich wiederholen.

Mit den Konstanten

a0 für die linke Intervallgrenze *a* und
b0 für die rechte Intevallgrenze *b*

läßt sich das Verfahren in einer Tabelle darstellen (Fig. 1).

n	an	bn	(an+bn)/2	f(an)	f(bn)	f((an+bn)/2)
0	a0	b0	ZS(-2)+ZS(-1)/2	f(ZS(-3))	f(ZS(-3))	f(ZS(-3))
Z(-1)S	(A1)	(A2)	ZS(-2)+ZS(-1)/2	f(ZS(-3))	f(ZS(-3))	f(ZS(-3))
Z(-1)S	(A1)	(A2)	ZS(-2)+ZS(-1)/2	f(ZS(-3))	f(ZS(-3))	f(ZS(-3))
↓	↓	↓	↓	↓	↓	↓

Hierbei steht
(A1) für den Ausdruck: WENN Z(-1)S(+3)*Z(-1)S(+5) < 0 DANN Z(-1)S SONST Z(-1)S(+1)
(A2) für den Ausdruck: WENN Z(-1)S(+2)*Z(-1)S(+4) < 0 DANN Z(-1)S(+1) SONST Z(-1)S

Fig. 1

In der ersten Spalte werden die Intervalle hochgezählt. Die nächsten 3 Spalten berechnen das aus der vorangehenden Zeile abzuleitende Intervall und die zugehörige Intervallmitte. Die letzten 3 Spalten enthalten die zugehörigen Funktionswerte.

Für $f(x) = 2 \sin(x) - x$ ist in Fig. 2 die Gestaltung einer Tabelle dargestellt. Die Tabelle in Fig. 3 zeigt für das Intervall [1; 3] ausschnittsweise die Entwicklung der Iterationsschritte.

	A	B	C	D	E	F	G
1	Halbierungsverfahren zur Nullstellenbestimmung						
2	f(x) =	2sin(x) - x					
3	Parameter						
4	a	<Eingabe a>					
5	b	<Eingabe b>					
6							
7	n	an	bn	(an +bn)/2	f(an)	f(bn)	((an+bn)/2)
8	0	=a	=b	=(B8+C8)/2	=2*SIN(B8)-B8	=2*SIN(C8)-C8	=2*SIN(D8)-D8
9	=A8+ 1	=WENN(E8*G8<=0; B8;D8)	=WENN(E8*G8<=0; D8;C8)	=(B9+C9)/2	=2*SIN(B9)-B9	=2*SIN(C9)-C9	=2*SIN(D9)-D9
10	=A9+ 1	=WENN(E9*G9<=0; B9;D9)	=WENN(E9*G9<=0; D9;C9)	=(B9+C9)/2	=2*SIN(B9)-B9	=2*SIN(C9)-C9	=2*SIN(D9)-D9
...	↓	↓	↓	↓	↓	↓	↓

Fig. 2

	A	B	C	D	E	F	G
1	Halbierungsverfahren zur Nullstellenbestimmung						
2	f(x) =	2 sin(x) - x					
3	Parameter						
4	a	1,0000					
5	b	3,0000					
6							
7	n	an	bn	(an +bn)/2	f(an)	f(bn)	f((an+bn)/2)
8	0	1,0000	3,0000	2,0000	0,6829	-2,7178	-0,1814
9	1	1,0000	2,0000	1,5000	0,6829	-0,1814	0,4950
10	2	1,5000	2,0000	1,7500	0,4950	-0,1814	0,2180
11	3	1,7500	2,0000	1,8750	0,2180	-0,1814	0,0332
...	...	...	...	...	...	...	...
21	13	1,8953	1,8955	1,8954	0,0004	0,0000	0,0002
22	14	1,8954	1,8955	1,8954	0,0002	0,0000	0,0001
23	15	1,8954	1,8955	1,8955	0,0001	0,0000	0,0000
24	16	1,8955	1,8955	1,8955	0,0000	0,0000	0,0000

Fig. 3

Bemerkungen und Aufgaben

1. a) Erstelle für die Fumktion $f(x) = 2 \sin(x) - x$ eine Tabelle nach Fig. 2 und teste sie mit den Startwerten a = 1 und b = 3.
   b) Bei der vorliegenden Funktion ergibt eine Änderung der Intervallgrenzen verschiedene Nullstellen. Untersuche das Verhalten auch für die Startwerte a = 0 und $a = -5$.
   c) Begründe die Ergebnisse aus a) und b) unter Verwendung des Schaubildes von f.

2. Die Differenz der Intervallgrenzen stellt eine Genauigkeitsabschätzung des Verfahrens dar. Realisiere diese Abschätzung in einer neuen Spalte der Tabelle in Fig. 2.

3. Bestimme für die Funktion $f(x) = -x^2 + 6\sqrt{x}$ im Intervall [3; 4] eine Nullstelle mit dem Halbierungsverfahren. Was geschieht, wenn anstelle von 1 der Wert 0 als linke Intervallgrenze a gewählt wird?

3. Bestimme für die Funktion eine Näherung der Nullstelle(n) nach dem Halbierungsverfahren auf 3 Dezimalen genau. Es soll der größtmögliche Definitionsbereich gelten.

   a) $f(x) = x - 3{,}5\sqrt{x}$ b) $f(x) = x^3 - x^2 + 5$ c) $f(x) = \frac{1}{6}(x^2 + 1) - x$

   Hinweis: Bestimme zunächst Intervalle, in denen Nullstellen liegen. Dazu kann eine Wertetabelle angelegt werden.

4. Löse die folgenden Gleichungen auf 3 Dezimalen genau.

   a) $4\sin(x) = 1 - x$ b) $x = -\ln(x)$ c) $e^x - 3 = \ln(x)$

   Hinweis: Forme die Gleichung in die Form $f(x) = 0$ um, und skizziere das Schaubild von *f*, oder verwende Wertetabellen, um geeignete Anfangsintervalle zu finden.

5. Bestimme für die Funktion Näherungen der Nullstelle(n) nach dem Halbierungsverfahren auf 3 Dezimalen genau. Es soll der größtmögliche Definitionsbereich betrachtet werden.

   a) $f(x) = e^x + 2x$ b) $f(x) = \cos(x) + 0{,}5x - 0{,}5$ c) $f(x) = 3^x - \sqrt{x} - 4$

6. Die Regula-falsi

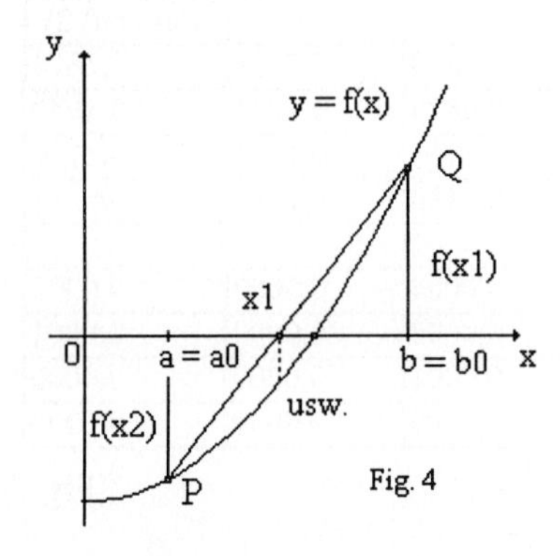

Fig. 4

Unter der Voraussetzung des Vorzeichenwechsels einer Funktion an den Intervallgrenzen [*a*; *b*] kann man anstelle der Intervallhalbierung auch die Sekante in den Kurvenpunkten P(*a*|*f (a)*) und Q(*b* | *f (b)*) mit der *x* -Achse schneiden. Siehe dazu auch die geometrische Veranschaulichung in Fig. 4.

   a) Zeige, daß ausgehend von $a0 = a$ und $b0 = b$ für den Wert $x1$ die Beziehung
   $$x1 = a0 - f(a0)\frac{b0 - a0}{f(b0) - f(a0)}$$ gilt.

   b) Verallgemeinere den Rechenschritt aus Teil a) zu einem Sekantenverfahren für eine Tabelle und teste das Verfahren mit einigen Beispielen aus Aufgabe 3. bis 4. Dieses Verfahren ist unter dem Namen Regula-falsi bekannt.

32 Newtonsches Näherungsverfahren

Viele Probleme lassen sich mathematisch so formulieren, daß ihre Lösung Nullstelle einer Funktion f ist. Damit stellt die Lösung der Gleichung $f(x) = 0$ die Lösung des Problems dar.

Der Versuch, die Gleichung $f(x) = 0$ nach x aufzulösen, gelingt allerdings nur für spezielle Gleichungstypen. Isaac Newton (1643-1727) hat für den Fall, daß die Funktion f differenzierbar ist und ein Näherungswert x_0 der Nullstelle bekannt ist, ein Verfahren entwickelt, mit dem diese Näherung schrittweise verbessert werden kann.

Das Verfahren kann am Schaubild der Funktion f verdeutlicht werden (Fig. 1). Ausgehend von der Näherung x_0 wird die Funktion f durch ihre Tangente im Punkt $(x_0 \mid f(x_0))$ ersetzt.

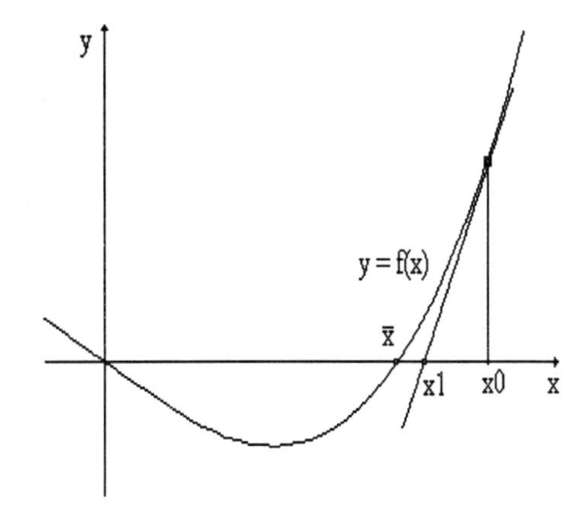

Fig. 1

Die zugehörige Tangentengleichung ist gegeben durch

$$y = f(x_0) + f'(x_0) \cdot (x - x_0).$$

Hieraus berechnet sich der x-Wert des Schnittpunktes der Tangente mit der x-Achse aus der Bedingung $y = 0$ zu

$$x_1 = x_0 - \frac{f(x)}{f'(x)}.$$

Die Stelle x_1 liefert in vielen Fällen eine bessere Näherung. Diesen Schritt kann man wiederholen. Somit entsteht eine Folge von Werten x_n mit dem Bildungsgesetz:

$$x_{n+1} = x_n - \frac{f(x_n)}{f'(x_n)}, \; n = 0, 1, 2, \ldots$$

Mit der Konstanten

x0 für den Startwert

ergibt sich für $f(x) = x^3 - 5x$ das Verfahren nach Fig. 2.

n	xn	f(xn)	f'(xn)
0	x0	ZS(-1)^3-5*ZS(-1)	3*ZS(-2)^2-5
Z(-1)S+1	Z(-1)S-(Z(-1)S(+1)/Z(-1)S(+2))	ZS(-1)^3-5*ZS(-1)	3*ZS(-2)^2-5
Z(-1)S+1	Z(-1)S-(Z(-1)S(+1)/Z(-1)S(+2))	ZS(-1)^3-5*ZS(-1)	3*ZS(-2)^2-5
↓	↓	↓	↓

Fig. 2

In der ersten Spalte wird der Wert von n hochgezählt. In der zweiten Spalte wird der Wert x_{n+1} aus dem Wert von x_n der gleichen Spalte, sowie aus $f(x_n)$ der dritten und $f'(x_n)$ der vierten Spalte berechnet.

In Fig. 3 ist die Gestaltung der Tabelle für das genannte Beispiel wiedergegeben.

	A	B	C	D
1	Newton Verfahren			
2	Parameter		f =	x^3-5x
3	Startwert x0	<Eingabe x0>	f' =	3x^2-5
4				
5	n	xn	f(xn)	f'(xn)
6	0	=x0	=B6^3-5*B6	=3*B6^2-5
7	=A6+1	=B6-(C6/D6)	=B7^3-5*B7	=3*B7^2-5
8	=A7+1	=B7-(C7/D7)	=B8^3-5*B8	=3*B8^2-5
...	↓	↓	↓	↓

Fig. 3

Fig. 4 zeigt das Ergebnis für den Startwert 10

	A	B	C	D
1	Newton-Verfahren			
2	Parameter		f =	x^3-4x
3	Startwert x0	10	f' =	3x^2-4
4				
5	n	xn	f(xn)	f'(xn)
6	0	10,0000	950,0000	295,0000
7	1	6,7797	277,7207	132,8914
8	2	4,6898	79,7013	60,9835
9	3	3,3829	21,7994	29,3320
10	4	2,6397	5,1950	15,9041
11	5	2,3131	0,8101	11,0507
12	6	2,2397	0,0369	10,0494
13	7	2,2361	0,0001	10,0001
14	8	2,2361	0,0000	10,0000

Fig. 4

Bemerkungen und Aufgaben

1. a) Erstelle eine Tabelle nach Fig. 3 für die Funktion $f(x) = x^3 - 5x$ und teste die Startwerte x0 = 30; 15; 2; 1; 0,5; 0; -1; -4. Beschreibe die Ergebnisse und versuche, dafür Erklärungen zu geben. (Verwende dazu das Schaubild von f, das mit der graphischen Darstellung einer Wertetafel in einer Tabelle erstellt werden kann.)

b) Erweitere die Tabelle so, daß auch die Nullstelle von f' nach dem Newton-Verfahren bestimmt wird.
Setze diese Nullstelle als Startwert für x0 ein, und beschreibe die Wirkung auf die Tabelle. (Erkläre diese Wirkung.)

2. Löse die Gleichung näherungsweise mit dem Newton -Verfahren in einer Tabelle entsprechend Fig. 3.

a) $2\cos(x) - x^2 = 0$ b) $x - 3{,}5\sqrt{x} = 0$ c) $x = -\ln(x)$

d) $\frac{1}{6}(x^2+1) - x = 0$ e) $e^x - 3 = \ln(x)$ f) $4\sin(x) + x - 1 = 0$ (!)

Hinweise:
(1) Startwerte für das Verfahren können mit einer Wertetafel der Funktion gefunden werden. Diese Werte eignen sich auch zur graphischen Darstellung der Funktion.
(2) Die Beispiele a) - f) wurden schon im Kapitel Halbierungsverfahren gelöst. Vergleiche die Anzahl der Schritte bis zum Erreichen der gesuchten Genauigkeit (Konvergenzgeschwindigkeit).

3. a) Wie lautet ein Newton -Verfahrensschritt für die Gleichung
$x^2 - a = 0;\ x \geq 0,\ a > 0$?

b) Entwickle ein Verfahren zur Berechnung von $\sqrt[p]{a}$, für $a > 0$ und $p > 2$.

4. Kennt man die Ableitung einer Funktion nicht, kann das Newton -Verfahren abgeändert werden.

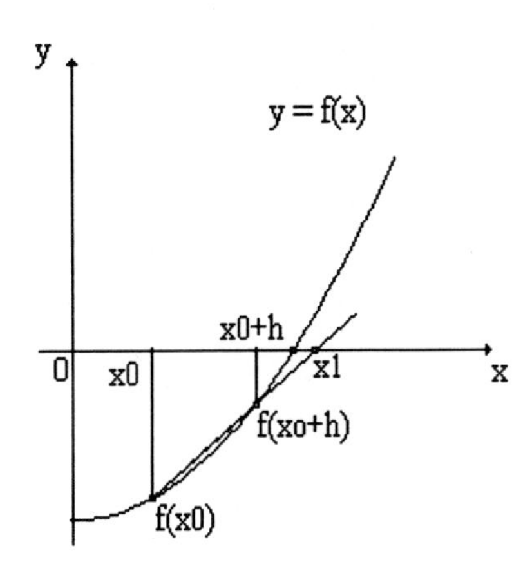

Fig. 5

Man bringt anstelle der Tangente eine Sekante zum Schnitt mit der x-Achse. Der Sachverhalt ist in Fig. 5 dargestellt.

a) Zeige, daß ausgehend von $x0$ und der Schrittweite h für den Wert $x1$ die Formel

$$x1 = x0 - \frac{h\,f(x0)}{f(x0+h) - f(x0)}$$ gilt.

b) Realisiere eine Tabelle nach dieser Idee, und teste das Verfahren mit einigen Beispielen aus Aufgabe 2 und 3. Verwende dabei die Parameter x0 und h. Wähle h klein ($\approx 0{,}1$) und achte auf die Reihenfolge der Rechenschritte in der Iterationsvorschrift.

33 Allgemeines Iterationsverfahren

Die Funktion f: $x \rightarrow f(x)$ sei stetig in $[a, b]$ und bilde das Intervall $[a, b]$ auf ein Teilintervall von $[a, b]$ ab.

Ausgehend von einem beliebigen Startwert $x_0 \in [a; b]$, bilden wir eine rekursiv definierte Folge von Funktionswerten durch die Vorschrift

$$x_{n+1} = f(x_n),\ n = 0, 1, 2, \ldots \qquad (*)$$

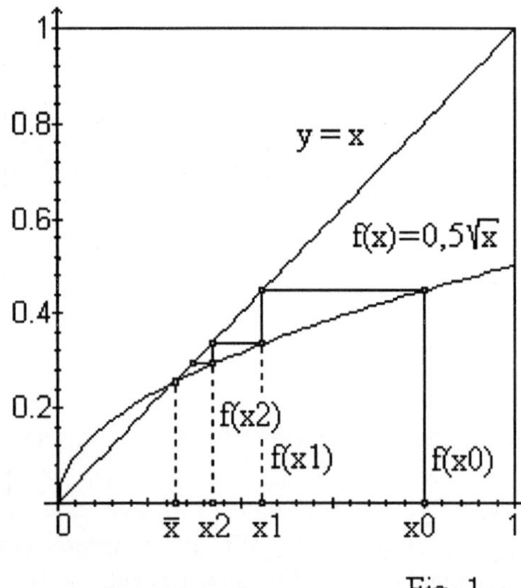

Fig. 1

Wir betrachten exemplarisch die Funktion mit der Gleichung $f(x) = 0{,}5\sqrt{x}$, die im Intervall [0; 1] die oben genannte Voraussetzung erfüllt und legen als Startwert $x_0 = 0{,}8$ fest.

Im Schaubild der Funktion (Fig. 1) sind die beiden ersten Folgeglieder nach der Vorschrift (*) zeichnerisch bestimmt. Dazu wird die erste Winkelhalbierende mit der Gleichung $y = x$ verwendet (graphisches Iterieren).

Die Folgeglieder nähern sich dem x-Wert des Schnittpunktes der Winkelhalbierenden mit dem Schaubild. Dieser Wert $\bar{x}$ erfüllt die Gleichung $\bar{x} = f(\bar{x})$.

Allgemein gilt:
Konvergiert die Folge der nach Vorschrift (*) gebildeten Funktionswerte ausgehend vom Startwert x_0 gegen den Grenzwert $\bar{x}$, so ist $\bar{x}$ Lösung der Gleichung $\bar{x} = f(\bar{x})$. Der Wert $\bar{x}$ heißt auch Fixpunkt von f.

Mit der Konstanten

x0 als Startwert

ist das Verfahren für $f(x) = 0{,}5\sqrt{x}$ in Fig. 2 dargestellt.

n	xn	xn+1 = f(xn)
0	x0	0,5*WURZEL(ZS(-1))
Z(-1)S+1	Z(-1)S(+1)	0,5*WURZEL(ZS(-1))
Z(-1)S+1	Z(-1)S(+1)	0,5*WURZEL(ZS(-1))
↓	↓	↓

Fig. 2

In Spalte 1 werden die Iterationsschritte hochgezählt. In Spalte 2 und 3 werden die Glieder der Folge x_n dargestellt. (Die Tabelle könnte prinzipiell auch ohne Spalte 3 auskommen. Dann müßte Spalte 2 ab der 3. Zeile den Eintrag =0,5*WURZEL(Z(-1)S) enthalten.)

Fig. 3 zeigt die Gestaltung des Iterationsverfahrens in einer Tabelle.

	A	B	C
1	Allgemeines Iterationsverfahren		
2	Funktion		
3	f = 0,5*WURZEL(x)		
4	Parameter		
5	x0	<Eingabe x0>	
6			
7	n	x(n)	x(n+1)=f(x(n))
8	0	=x0	=0,5*WURZEL(B8)
9	=A8+1	=C8	=0,5*WURZEL(B9)
10	=A9+1	=C9	=0,5*WURZEL(B10)
...	↓	↓	↓

Fig. 3

Die Tabelle in Fig. 4 zeigt die Werte für $f(x) = 0,5\sqrt{x}$ mit dem Startwert $x_0 = 0,8$.

	A	B	C
1	Allgemeines Iterationsverfahren		
2	Funktion		
3	f = 0,5*WURZEL(x)		
4	Parameter		
5	x0	0,8	
6			
7	n	xn	x(n+1) =f(xn)
8	0	0,80000	0,44721
9	1	0,44721	0,33437
10	2	0,33437	0,28912
11	3	0,28912	0,26885
12	4	0,26885	0,25925
...	...	...	...
23	15	0,25001	0,25000
24	16	0,25000	0,25000

Fig. 4

Bemerkungen und Aufgaben

1. a) Erstelle eine Tabelle nach Fig. 3 für die Funktion $f(x) = 0{,}5\sqrt{x}$ und teste das Iterationsverfahren mit verschiedenen Startwerten x0 > 0.
   b) Die Funktion f hat die Umkehrfunktion g mit $g(x) = 4x^2$.
   Realisiere das Iterationsverfahren für g in der gleichen Tabelle aus Teil a) und vergleiche die Ergebnisse.
   c) Für das allgemeine Iterationsverfahren gilt der Satz:
   Divergiert das Verfahren für die Funktion f mit Startwert x_0 und ist g die Umkehrfunktion von f, so konvergiert das Verfahren für g mit den Startwert $y_0 = f(x_0)$. Hieraus ergibt sich die Möglichkeit, bei einer Divergenz des Verfahrens auf die Umkehrfunktion überzugehen.

2. Jede Gleichung der Form $f(x) = 0$ kann äquivalent in die Gleichung $x = x - f(x)$ umgeformt werden. Bilden wir aus der rechten Seite dieser Gleichung die Funktion h, mit $h(x) = x - f(x)$, so ist x genau dann Nullstelle von f, wenn x Fixpunkt von h ist.

   In der praktischen Anwendung läßt sich dieser Sachverhalt noch erweitern. Zum Beispiel hat die Gleichung $x^2 + x - 2 = 0$ Lösungen, die auch die folgenden Gleichungen lösen:

   a) $x = \frac{2}{x} - 1$ b) $x = 2 - x^2$ c) $x = \frac{2}{x+1}$, für $x \neq -1$

   Fasse die rechten Seiten der Gleichungen a) - c) als Funktionsterm einer Funktion h auf, und realisiere ein allgemeines Iterationsverfahren in einer Tabelle. (Beschreibe das beobachtete Konvergenzverhalten.)

3. Das Newton-Verfahren für eine Funktion f kann auch als allgemeines Iterationsverfahren für die Funktion $h(x) = x - \frac{f(x)}{f'(x)}$ aufgefaßt werden.
   Verwende diesen Sachverhalt, um mit dem allgemeinen Iterationsverfahren die positive Nullstelle der Funktion $f(x) = x^3 - 5$ zu finden.

4. Beschreibe mehrere Möglichkeiten, das Problem der Nullstellenbestimmung von $f(x) = ln(x) + x$ auf ein Problem der Form $x = h(x)$ zurückzuführen, und realisiere das zugehörige Iterationsverfahren in einer Tabelle. (Verwende auch die Überlegungen aus Aufgabe 3.)

5. Der Mathematiker Verhulst (1804-49) verwendete zur diskreten Beschreibung der Entwicklung einer Population in einem eingeschränkten Lebensraum die sogenannte logistische Gleichung

   $$x_{n+1} = a \cdot x_n \cdot (1 - x_n),\ n \in \mathbb{N}_0,\ 0 < a \leq 4;\ x_0 \in [0, 1]. \qquad (**)$$

Dabei bezeichnet x_n den relativen Anteil der Population bezüglich der maximalen Population, die auf den Wert 1 normiert ist.

Entsprechend der allgemeinen Iterationsvorschrift (*) kann die rechte Seite der logistischen Gleichung als Funktion $f_a(x) = a \cdot x \cdot (1-x)$, $x \in [0, 1]$, $0 < a \leq 4$ aufgefaßt werden.

a) Erzeuge in einer Tabelle das Schaubild von f_a. Zur Veranschaulichung von Fixpunkten soll auch die 1. Winkelhalbierende dargestellt werden. Verwende den Parameter a und beschreibe die Zahl der Fixpunkte in Abhängigkeit von a für $0 < a \leq 4$. Warum sind Werte von a oberhalb von 4 nicht sinnvoll?

b) Erweitere die Tabelle so, daß ausgehend vom Startwert x_0 die Anfangsglieder der nach Gleichung (**) erzeugten Zahlenfolge berechnet und in einem Schaubild dargestellt werden. Verwende den Parameter x0.
Verändere den Parameter a und den Startwert x0 im angegebenen Bereich und beschreibe die Eigenschaften der entstehenden Iterationsfolge.
(Vorschlag: Zu a = 0,5; 1; 1,8; 2,5; 3,3 und 4 werden jeweils die Startwerte x0 = 0; 0,2; 0,4; 0,6; 0,8 und 1 getestet.)

c) Untersuche das allgemeine Iterationsverfahren für

$$f(x) = a\sin(\pi x),\ x \in [0, 1],\ 0 < a \leq 1$$

nach derselben Methode wie in Teil b). Zeige, daß sich die festgestellten Eigenschaften nicht ändern, wenn die Funktion f durch eine andere nichtlineare Funktion ersetzt wird.

d) Die in Teil b) beschriebenen Eigenschaften sind charakteristisch für eine ganze Klasse sogenannter nichtlinearer Iterationen mit chaotischem Verhalten. (Die Chaos-Forschung beschäftigt sich vorwiegend mit der Untersuchung solcher nichtlinearer Systeme.)

VI Stochastik

34 Simulation von Zufallsexperimenten

1. Der Münzwurf

Bei einer Münze (Wappen, Zahl) sei die Wahrscheinlichkeit für das Auftreten von Wappen p.

Mit der Konstanten

p als Wahrscheinlichkeit für das Werfen von Wappen

läßt sich das mehrmalige Werfen der Münze in einer Tabelle erfassen (Fig. 1).

Wurf Nr.	Zufallszahl aus [0;1[	Wappen	Zahl
1	ZUFALLSZAHL aus [0;1[	WENN(ZS(-1) < p DANN 1 SONST 0)	WENN(ZS(-2)>= p DANN 1 SONST 0)
Z(-1)S+1	ZUFALLSZAHL aus [0;1[	WENN(ZS(-1) < p DANN 1 SONST 0)	WENN(ZS(-2) >= p DANN 1 SONST 0)
Z(-1)S+1	ZUFALLSZAHL aus [0;1[	WENN(ZS(-1) < p DANN 1 SONST 0)	WENN(ZS(-2) >= p DANN 1 SONST 0)
↓	↓	↓	↓

Fig. 1

In der ersten Spalte wird die Anzahl der Würfe hochgezählt. In der zweiten Spalte wird eine Zufallszahl aus [0;1[erzeugt. Wenn diese kleiner ist als 1, wird in der Spalte "Wappen" eine 1 eingetragen, sonst eine 0. Die "1" bedeutet, daß "Wappen" gefallen ist. Die "0" bedeutet, daß "Wappen" nicht gefallen ist. In der Spalte "Zahl" wird eine 1 eingetragen, wenn die Zufallszahl größer oder gleich p ist ("Zahl" ist gefallen), sonst eine 0 ("Zahl" ist nicht gefallen).

Fig. 2 zeigt die Gestaltung der Tabelle für das 5malige Werfen der Münze. In den Zellen C6 und D6 wird mit der Summenfunktion zusätzlich ausgegeben, wie oft "Wappen" bzw. "Zahl" gefallen ist.

In Fig. 3 ist das Ergebnis einer Simulation wiedergegeben.

	A	B	C	D
1	Münzwurf			
2	Parameter			
3	p	<Eingabe p>		
4				
5		Anzahl	von Wappen	von Zahl
6			=SUMME(C9:C13)	=SUMME(D9:D13)
7				
8	Wurf Nr.	Zufallszahl aus [0;1[	Wappen	Zahl
9	1	=ZUFALLSZAHL()	=WENN(B9<p;1;0)	=WENN(B9)>=p;1;0)
10	=A9+1	=ZUFALLSZAHL()	=WENN(B10<p;1;0)	=WENN(B10)>=p;1;0)
11	=A10+1	=ZUFALLSZAHL()	=WENN(B11<p;1;0)	=WENN(B11)>=p;1;0)
12	=A11+1	=ZUFALLSZAHL()	=WENN(B12<p;1;0)	=WENN(B12)>=p;1;0)
13	=A12+1	=ZUFALLSZAHL()	=WENN(B13<p;1;0)	=WENN(B13)>=p;1;0)

Fig. 2

	A	B	C	D
1	Münzwurf			
2	Parameter			
3	p	0,5		
4				
5		Anzahl	von Wappen	von Zahl
6			3	2
7				
8	Wurf Nr.	Zufallszahl aus [0;1[	Wappen	Zahl
9	1	0,894991863	0	1
10	2	0,926408741	0	1
11	3	0,471569281	1	0
12	4	0,493235456	1	0
13	5	0,27673696	1	0

Fig. 3

2. Das Werfen eines Laplace-Würfels

Analog zum Münzwurf läßt sich das Werfen eines Laplace-Würfels in einer Tabelle erfassen (Fig. 4).

Wurf Nr.	Augenzahl	1er	2er	3er	4er	5er	6er
1	(Ausdruck1)	(Ausdruck2)	(Ausdruck3)	(Ausdruck4)	(Ausdruck5)	(Ausdruck6)	(Ausdruck7)
Z(-1)S+1	(Ausdruck1)	(Ausdruck2)	(Ausdruck3)	(Ausdruck4)	(Ausdruck5)	(Ausdruck6)	(Ausdruck7)
Z(-1)S+1	(Ausdruck1)	(Ausdruck2)	(Ausdruck3)	(Ausdruck4)	(Ausdruck5)	(Ausdruck6)	(Ausdruck7)
↓	↓	↓	↓	↓	↓	↓	↓

Hierbei steht

(Ausdruck1) für den Term GANZZAHL(ZUFALLSZAHL()*6+1)
(Ausdruck2) für den Term WENN(ZS(-1)=1;1;0)
(Ausdruck3) für den Term WENN(ZS(-2)=2;1;0)
(Ausdruck4) für den Term WENN(ZS(-3)=3;1;0)
(Ausdruck5) für den Term WENN(ZS(-4)=4;1;0)
(Ausdruck6) für den Term WENN(ZS(-5)=5;1;0)
(Ausdruck7) für den Term WENN(ZS(-6)=6;1;0)

Fig. 4

In der ersten Spalte wird die Anzahl der Würfe hochgezählt. In der zweiten Spalte wird jeweils eine ganzzahlige Zufallszahl aus der Menge {1; 2; 3; 4; 5; 6} erzeugt. Die weiteren Zellen einer Zeile werden mit 1 belegt, wenn eine 1, 2, ...oder 6 gewürfelt wurde, ansonsten mit 0.

In Fig. 5 ist eine Gestaltung der Tabelle für vier Würfe unvollständig wiedergegeben. Die fehlenden Spalten E, F, G, H sind analog zu den Spalten C bzw. D belegt. In der Tabelle sind zusätzlich Zellen eingefügt (C3, D3, ...), in denen die Anzahl der gewürfelten 1er, 2er, ... ausgegeben wird.

	A	B	C	D
1	Lapace-Würfel			
2		Anzahl der	1er	2er
3			=SUMME(C6:C9)	=SUMME(D6:D9)
4				
5	Wurf Nr.	Zufallszahl aus {1;...6}	1er	2er
6	1	=GANZZAHL(ZUFALLSZAHL()*6+1)	=WENN(B6=1;1;0)	=WENN(B6=2;1;0)
7	=A6+1	=GANZZAHL(ZUFALLSZAHL()*6+1)	=WENN(B7=1;1;0)	=WENN(B7=2;1;0)
8	=A7+1	=GANZZAHL(ZUFALLSZAHL()*6+1)	=WENN(B8=1;1;0)	=WENN(B8=2;1;0)
9	=A8+1	=GANZZAHL(ZUFALLSZAHL()*6+1)	=WENN(B9=1;1;0)	=WENN(B9=2;1;0)

Fig. 5

Die Tabelle in Fig. 6 gibt ein Ergebnis wieder.

	A	B	C	D	E	F	G	H
1	Lapace-Würfel							
2		Anzahl der	1er	2er	3er	4er	5er	6er
3			0	1	2	1	0	0
4								
5	Wurf Nr.	Zufallszahl aus {1;...6}	1er	2er	3er	4er	5er	6er
6	1	4	0	0	0	1	0	0
7	2	3	0	0	1	0	0	0
8	3	3	0	0	1	0	0	0
9	4	2	0	1	0	0	0	0

Fig. 6

Bemerkungen und Aufgaben

1. Tabellenkalkulationsprogramme bieten die Möglichkeit, die Berechnung einer Tabelle durch Drücken der Funktionstaste F9 wiederholt zu starten (entweder standardmäßig eingestellt oder über eine Option wählbar). Hierdurch kann man eine Tabelle wie in Fig. 5 wiederholt auswerten.
   Es ist auch möglich, bei der Berechnung des neuen Wertes einer Zelle den alten Wert derselben Zelle zu benützen (Zirkelschluß). Hierdurch lassen sich die obigen Tabellen z.T. wesentlich kompakter gestalten. Auf diese Möglichkeit soll hier nicht eingegangen werden.

Erstelle die Tabelle in Fig. 2 für 10 Würfe. Simuliere das Zufallsexperiment "10maliges Werfen einer Laplace-Münze" mehrmals durch Drücken der Funktionstaste F9.

2. Erweitere die Tabelle in Fig. 2 für 150 Münzwürfe. Vergleiche für verschiedene Werte des Parameters p die Summe der geworfenen Wappen mit der Wahrscheinlichkeit p und der Gesamtanzahl der Würfe. Welcher Zusammenhang zwischen der Anzahl der gefallenen Wappen, der Gesamtanzahl der Würfe und der Wahrscheinlichkeit p ist zu vermuten?

3. Erweitere die Tabelle in Fig. 5 für 300 Würfe des Würfels. Vergleiche die Anzahl der geworfenen 1er (2er, 3er,...) mit der Gesamtanzahl der Würfe. Was ist zu vermuten?

4. Ein Tetraeder (Vierflächner) trägt auf seinen Seitenflächen die Ziffern 1, 2, 3 und 4. Die Wahrscheinlichkeit, beim Werfen auf eine der vier Seitenflächen zu fallen, sei für alle vier Seitenflächen gleich.
   a) Erstelle analog zu der Tabelle in Fig. 5 eine Tabelle für 100 Würfe des Tetraeders. Wie oft wird die 1 (2; 3; 4) geworfen?
   b) Bei einem gefälschten Tetraeder sei die Wahrscheinlichkeit für die 1 gleich 0,4, für die Ziffern 2, 3 und 4 jeweils gleich 0,2. Ändere die Tabelle von Teilaufgabe a) entsprechend ab. Wie oft wird nun bei 100 Würfen die 1 (2, 3, 4) geworfen? (Anmerkung: Zur Simulation dieses Tetraeders kann man zunächst eine Zufallszahl aus der Menge {1; 2; 3; 4; 5} erzeugen und die beiden Zufallszahlen 1 und 2 der Augenzahl 1, die Zufallszahl 3 der Augenzahl 2, die Zufallszahl 4 der Augenzahl 3 und die Zufallszahl 5 der Augenzahl 4 zuordnen.) Fig. 7 zeigt eine mögliche Tabelle. (Tabellenkalkulationsprogramme bieten weitere Möglichkeiten, die andere Vorgehensweisen erlauben.)

Zufallszahl	Hilf1	Hilf2	1er	2er	3er	4er
(Ausdruck1)	(Ausdruck2)	(Ausdruck3)	(Ausdruck4)	(Ausdruck5)	(Ausdruck6)	(Ausdruck7)
(Ausdruck1)	(Ausdruck2)	(Ausdruck3)	(Ausdruck4)	(Ausdruck5)	(Ausdruck6)	(Ausdruck7)
↓	↓	↓	↓	↓	↓	↓

Hierbei steht
(Ausdruck1) für den Term GANZZAHL(ZUFALLSZAHL()*5+1)
(Ausdruck2) für den Term WENN(ZS(-1)=1;1;0)
(Ausdruck3) für den Term WENN(ZS(-2)=2;1;0)
(Ausdruck4) für den Term ZS(-2)+ZS(-1))
(Ausdruck5) für den Term WENN(ZS(-4)=3;1;0)
(Ausdruck6) für den Term WENN(ZS(-5)=4;1;0)
(Ausdruck7) für den Term WENN(ZS(-6)=5;1;0)

Fig. 7

5. Zwei Laplace-Münzen, die auf den beiden Seiten die Ziffern 1 bzw. 2 tragen, werden gleichzeitig geworfen, und es wird die Summe S der beiden geworfenen Ziffern gebildet.
   a) Welche Werte kann S annehmen?

Erstelle eine Tabelle für die Simulation von 100 Durchführungen dieses Zufallsexperiments, wenn die Wahrscheinlichkeit für "1" bzw. "2" jeweils gleich 0,5 ist. Benütze für die Wahrscheinlichkeit, daß "1" fällt, einen Parameter p.
Erstelle ein Diagramm für die relative Häufigkeit der Werte von *S*.

b) Die Wahrscheinlichkeit für die "1" sei bei beiden Münzen jeweils gleich *p*. Wie ändern sich die relativen Häufigkeiten der Werte von *S*, wenn die Wahrscheinlichkeit *p* nacheinander die Werte 0,1; 0,2; ...; 0,9 annimmt?

6. In einer Urne befinden sich *r* rote und *w* weiße Kugeln. Aus der Urne wird mit Zurücklegen eine Kugel gezogen und ihre Farbe festgestellt. Simuliere das mehrmalige Ziehen in einer Tabelle. Verwende die beiden Parameter r und w.
(Anmerkung: Man kann sich die Kugeln so numeriert denken, daß die roten Kugeln die Nummern 1; 2;...; *r* tragen. Die weißen Kugeln tragen dann die Nummern $r + 1$, ... , $r + w$. Fig. 8 zeigt eine mögliche Gestaltung der Tabelle.)

	A	B	C	D
1	Ziehen mit Zurücklegen			
2		Parameter	r	<Eingabe r)
3			w	<Eingabe w>
4				
5	Zug Nr.	Ziehung	rot gezogen	weiß gezogen
6	1	=GANZZAHL(ZUFALLSZAHL()*(r+w))+1	=WENN(B6<=r;1;0)	=WENN(B6>r;1;0)
7	=A6+1	=GANZZAHL(ZUFALLSZAHL()*(r+w))+1	=WENN(B7<=r;1;0)	=WENN(B7>r;1;0)
8	↓	↓	↓	↓

Fig. 8

a) Erstelle entsprechend Fig. 8 eine Tabelle. Setzte sie fort für 100 Ziehungen und ergänze sie durch zwei Zellen, in denen die Anzahl der gezogenen roten bzw. weißen Kugeln ausgegeben wird.

b) Bilde für verschiedene Belegungen der Parameter r und w das Verhältnis der Anzahl der gezogenen roten und weißen Kugeln. Vergleiche mit dem Verhältnis $r : w$ der in der Urne vorhandenen roten und weißen Kugeln.
Führe die Simulation wiederholt durch. Zu welcher Vermutung gelangt man?

7. Ein Rad ist in drei Sektoren mit den Mittelpunktswinkeln $\alpha = 90^0$, $\beta = 135^0$, $\gamma = 135^0$ eingeteilt. Der Sektor mit dem Mittelpunktswinkel α ist mit der Ziffer 1, die beiden anderen Sektoren mit der Ziffer 2 bzw. 3 beschriftet. Das Rad wird in Drehung versetzt. Es hält zufällig so an, daß eine Marke M auf genau einen der drei Sektoren zeigt.

a) Erstelle eine Tabelle, mit der dieses Zufallsexperiments simuliert werden kann.

b) Welche relative Häufigkeit ergibt sich bei 100 Durchführungen für das Auftreten der 1, 2, 3?
Erhöhe die Anzahl der Durchführungen. Welche Vermutung über den Zusammenhang zwischen der relativen Häufigkeiten der drei Ziffern 1, 2 und 3 und der Größe der drei Sektoren ergibt sich, wenn das Experiment sehr oft durchgeführt wird?

35 Stabilisierung der relativen Häufigkeit

Beim mehrmaligen Werfen einer "normalen" Münze (Laplace-Münze) wird diese etwa in der Hälfte aller Durchführungen so fallen, daß "Zahl" oben liegt. Ein solches Zufallsexperiment kann in einer Tabellenkalkulation simuliert werden. Mit den Möglichkeiten der Tabellenkalkulation ergibt sich der Aufbau der Tabelle wie in Fig. 1.

n	Wurf	Summe	Rel.Häufigkeit
1	WENN ZUFALLSZAHL() < 0,5 DANN 1 SONST 0	ZS(-1)	ZS(-1)/ZS(-3)
Z(-1)S+1	WENN ZUFALLSZAHL() < 0,5 DANN 1 SONST 0	Z(-1)S+ZS(-1)	ZS(-1)/ZS(-3)
Z(-1)S+1	WENN ZUFALLSZAHL() < 0,5 DANN 1 SONST 0	Z(-1)S+ZS(-1)	ZS(-1)/ZS(-3)
↓	↓	↓	↓

Fig. 1

In der ersten Spalte wird die Anzahl der Versuchsdurchführungen gezählt. Die entsprechende Zelle in der zweiten Spalte wird mit 1 (Zahl) belegt, wenn die erzeugte Zufallszahl in dem Intervall [0;0,5[liegt, andernfalls mit 0 (Wappen). In der dritten Spalte wird gezählt, wie oft die 1 (Zahl) gefallen ist, und in der vierten wird jeweils die relative Häufigkeit für die Anzahl der bis dahin geworfenen Einsen (Zahl) berechnet.

In Fig. 2 ist die Gestaltung der Tabelle angegeben.

	A	B	C	D
1		Relative Häufigkeit beim Münzwurf		
2				
3				
4	n	Wurf	Summe	Rel.Häufigkeit
5	1	=WENN(ZUFALLSZAHL() < 0,5;1;0)	=B5	=C5/A5
6	=A5+1	=WENN(ZUFALLSZAHL() < 0,5;1;0)	=C5+B6	=C6/A6
7	=A6+1	=WENN(ZUFALLSZAHL() < 0,5;1;0)	=C6+B7	=C7/A7
...	↓	↓	↓	↓

Fig. 2

Im Diagramm in Fig. 3 ist die relative Häufigkeit (Daten der Spalte D) über der Anzahl der Würfe n (Daten der Spalte A) dargestellt.

Das Diagramm zeigt, daß sich mit zunehmender Anzahl n der Würfe die relative Häufigkeit dem Wert 0,5 "nähert". Diese Stabilisierung der relativen Häufigkeit ist aber nicht als Grenzwert im Sinne der Analysis zu verstehen. Es ist durchaus möglich, daß bei einem größeren Wert von n eine relative Häufigkeit auftritt, die wieder stärker von 0,5 abweicht. Für $n \to \infty$ geht aber die Wahrscheinlichkeit dafür, daß dies geschieht, gegen 0.

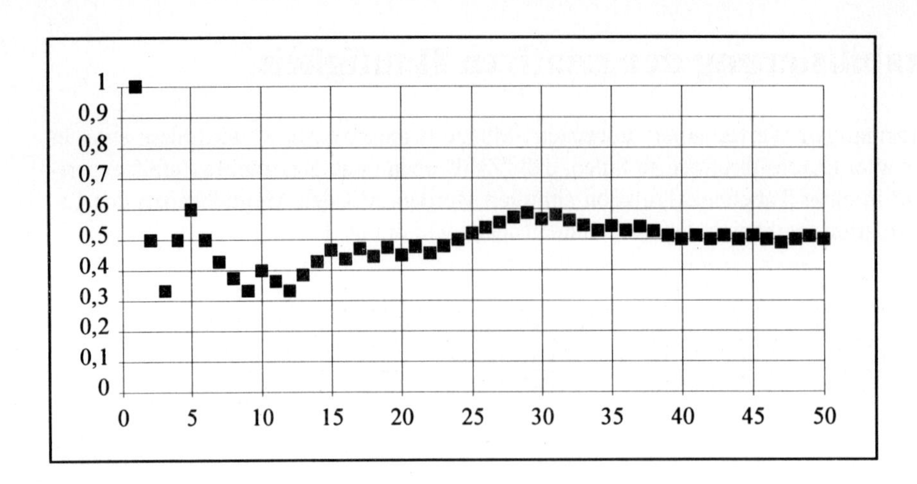

Fig. 3

Bemerkungen und Aufgaben

1. a) Erstelle die Tabelle in Fig. 2 und setzte sie bis $n = 100$ fort.
   Wie ändert sich die relative Häufigkeit mit zunehmender Anzahl der Würfe?
   b) Tabellenkalkulationsprogramme bieten die Möglichkeit, durch Drücken einer Funktionstaste (oft F9) eine Neuberechnung der Tabelle durchzuführen. Für das 100malige Werfen der Münze bedeutet dies, daß erneut 100 Würfe durchgeführt werden. Benütze dies, um das Zufallsexperiment des 100maligen Münzwurfs wiederholt auszuführen. Welche Abweichung von 0,5 ergibt sich jeweils?

2. Nicht bei jeder Münze stabilisiert sich die relative Häufigkeit für "Zahl" bei 0,5.
   a) Führe in einer neuen Tabelle für die Wahrscheinlichkeit, daß bei einem Wurf "Zahl" erscheint, einen Parameter *p* ein. Die Entscheidung, ob "Zahl" gefallen ist, erfolgt jetzt durch die Formel "=WENN(ZUFALLSZAHL() < p; 1; 0)".
   b) Erstelle für 300 Würfe ein Diagramm wie in Fig. 3. Belege p mit verschiedenen Werten und beobachte die relative Häufigkeit.
   Was bedeutet p = 0 bzw. p = 1 für den Ausgang eines Münzwurfes?

3. Durch die Formel = GANZZAHL(6*ZUFALLSZAHL()+1) wird eine Zufallszahl aus der Menge {1, 2, 3, 4, 5, 6} erzeugt.
   a) Erstelle eine Tabelle, mit der beim mehrmalige Werfen eines "normalen" Würfels (Laplace-Würfel) die relative Häufigkeit für das Auftreten der 6er berechnet wird.
   b) Untersuche mit der Tabelle die relative Häufigkeit für das Auftreten der 6er bei 300 Würfen.
   c) Ändere die Tabelle so ab, daß die relative Häufigkeit für jede der Augenzahlen von 1 bis 6 berechnet wird. Was ergibt sich als relative Häufigkeit für jede der sechs Augenzahlen?

36 Erwartungswert einer Zufallsvariablen

Um untersuchen zu können, welche Augenzahl bei einem normalen Spielwürfel im Mittel pro Wurf zu erwarten ist, wird in einer Tabelle ein entsprechendes Zufallsexperiment simuliert. Mit den Möglichkeiten der Tabellenkalkulation ergibt sich der Aufbau der Tabelle (Fig. 1).

Nummer	Augenzahl	Summe AZ	Mittelwert
1	GANZZAHL(ZUFALLSZAHL()*6)+1	ZS(-1)	ZS(-1)/ZS(-3)
Z(-1)S+1	GANZZAHL(ZUFALLSZAHL()*6)+1	Z(-1)S+ZS(-1)	ZS(-1)/ZS(-3)
Z(-1)S+1	GANZZAHL(ZUFALLSZAHL()*6)+1	Z(-1)S+ZS(-1)	ZS(-1)/ZS(-3)
↓	↓	↓	↓

Fig. 1

In der ersten Spalte wird die Anzahl der Würfe hochgezählt. In der zweiten Spalte wird durch den Term GANZZAHL(ZUFALLSZAHL()*6+1) für jeden Wurf eine Zufallszahl aus der Menge {1; 2; 3; 4; 5; 6} erzeugt. Jedes Element dieser Menge entspricht einem Ausgang des Zufallsexperiments "Werfen eines Laplace-Würfels unter Beobachtung der Augenzahl". In der dritten Spalte wird die geworfene Augenzahl zur bisherigen Augensumme hinzuaddiert, und in der letzten Spalte wird der Mittelwert (Augensumme/Anzahl der Würfe) gebildet.

In Fig. 2 ist die Gestaltung der Tabelle und in Fig. 3 ein Ergebnis wiedergegeben.

	A	B	C	D
1	Erwartungswert	einer Zufallsvariablen		
2				
3	Nummer	Augenzahl	Summe AZ	Mittelwert
4	1	=GANZZAHL(ZUFALLSZAHL()*6)+1	=B4	=C4/A4
5	=A4+1	=GANZZAHL(ZUFALLSZAHL()*6)+1	=C4+B5	=C5/A5
6	=A5+1	=GANZZAHL(ZUFALLSZAHL()*6)+1	=C5+B6	=C6/A6
...	↓	↓	↓	↓

Fig. 2

	A	B	C	D
1	Erwartungswert	einer Zufallsvariablen		
2				
3	Nummer	Augenzahl	Summe AZ	Mittelwert
4	1	4	4	4
5	2	4	8	4
6	3	2	10	3,333333
7	4	5	15	3,75
8	5	6	21	4,2
9	6	1	22	3,666667

Fig. 3

In dem Diagramm in Fig. 4 ist der Mittelwert der geworfenen Augenzahl (Daten der Spalte D) über der Anzahl der Würfe (Daten der Spalte A) aufgetragen.

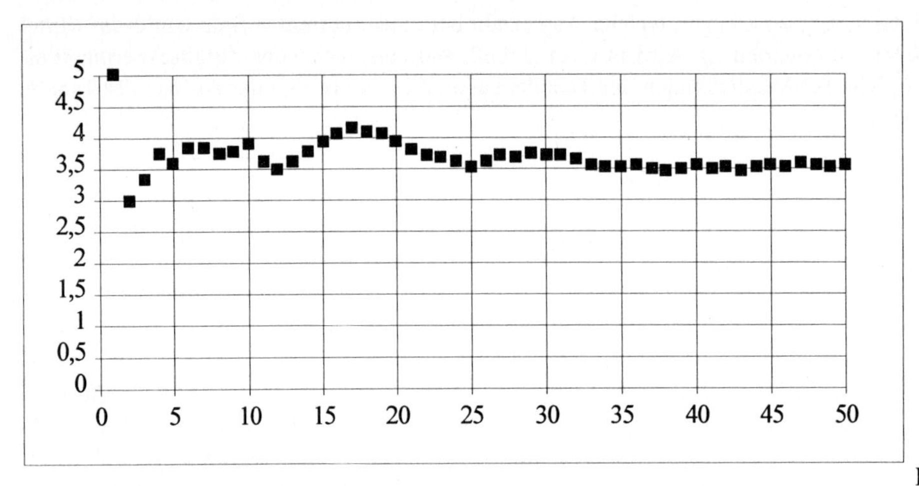

Fig. 4

Bemerkungen und Aufgaben

1. Bei dem Zufallsexperiment "Werfen eines Würfels unter Beobachtung der Augenzahl" wird jedem Wurf eine Zahl, nämlich die geworfene Augenzahl, zugeordnet. Eine solche Zuordnung nennt man Zufallsvariable. Eine Zufallsvariable nimmt reelle Zahlenwerte an. Bei dem Beispiel des Würfels sind dies die Zahlen 1, 2, 3, 4, 5, 6. Wenn es sich um einen idealen Würfel handelt, wird jede dieser Zahlen mit der gleichen Wahrscheinlichkeit angenommen.

2. Erstelle die Tabelle in Fig. 2 und erweitere sie auf 100 Würfe. Erstelle wie in Fig. 4 das Diagramm für den Mittelwert.
   a) Führe die Simulation wiederholt durch. (Drücken der Funktionstaste F9 startet eine Neuberechnung der Tabelle.) Welche mittlere Augenzahl ist nach dem Diagramm pro Wurf zu erwarten, wenn sehr oft gewürfelt wird?
   b) Wenn man davon ausgeht, daß bei 3000 Würfen bei genau einem Sechstel der Würfe die 1, bei einem Sechstel die 2 usw. erscheint, kann man ausrechnen, welche Augenzahl im Mittel pro Wurf zu erwarten ist (Erwartungswert). Berechne diesen Erwartungswert und vergleiche ihn mit dem Ergebnis der Teilaufgabe a).

3. Eine Münze trägt auf ihren Seiten die Beschriftung "0" bzw. "1". Jede Seite wird mit der gleichen Wahrscheinlichkeit geworfen.
   a) Erstelle analog zu Fig. 2 eine Tabelle für 100 Würfe und das zugehörige Diagramm wie in Fig. 4. Was ergibt sich hierbei als mittlere Augenzahl pro Wurf?
   b) Berechne die mittlere Augenzahl pro Wurf (Erwartungswert), wenn bei 100 Würfen genau 50 mal die "0" und 50 mal die "1" geworfen wird? Vergleich diesen Wert mit dem Ergebnis der Teilaufgabe a).

4. Auf den Seitenflächen eines Tetraeders (Vierflächner) stehen die Zahlen 1, 2, 3, 4. Die Wahrscheinlichkeit für jede der vier Seitenflächen beträgt 0,25.
   a) Erstelle analog zu Fig. 2 eine Tabelle für 100 Würfe und das zugehörige Diagramm wie in Fig. 4. Was ergibt sich hierbei als mittlere Augenzahl pro Wurf?
   b) Berechne wie in Aufgabe 2b) den Erwartungswert. Betrachte hierzu 400 Würfe. Vergleiche diesen Wert mit dem Ergebnis der Teilaufgabe a).

5. Bei einem Glücksspiel zahlt der Spieler vor jedem Wurf mit einem idealen Würfel an die Kasse einen Einsatz von e = 8 (DM). Nach dem Wurf erhält der Spieler von der Kasse das Doppelte der geworfenen Augenzahl in DM ausbezahlt. Der Einsatz verbleibt in der Kasse. Wenn ein Spieler also bei einem Spiel die Augenzahl a würfelt, hat er bei diesem Spiel einen "Reingewinn" R von $R = 2 \cdot a - e$ (in DM).
   a) Erstelle mit dem Parameter e (Einsatz) eine Tabelle und ein Diagramm für den mittleren Reingewinn pro Spiel bei 100 Spielen.
      Was ergibt sich als mittlerer Reingewinn pro Spiel?
      Was bedeutet ein negativer Wert des Reingewinns?
   b) Berechne ausgehend von der Annahme, daß bei 600 Spielen die Augenzahlen von 1 bis 6 genau zu gleichen Teilen fallen, den Erwartungswert für den Reingewinn bei einem Einsatz von 8 DM. Vergleiche ihn mit dem Ergebnis der Teilaufgabe a).
   c) Berechne mit den Überlegungen von Teilaufgabe b) denjenigen Einsatz, für den das Spiel fair ist (Erwartungswert des Reingewinns = 0). Teste das Ergebnis mit einer Tabelle.

6. Bei einem Spielautomaten dreht sich nach Einwurf von 1 DM ein Rad, das in drei Sektoren von 60^0, 120^0 und 180^0 eingeteilt ist, und bleibt zufällig auf einem dieser drei Sektoren stehen. Bleibt die Scheibe auf dem 60^0-Sektor stehen, gibt der Automat 2 DM aus, bei dem 120^0-Sektor 1 DM und bei dem 180^0-Sektor 0,5 DM.
   a) Erstelle eine Tabelle für den Reingewinn (Geldauswurf - Einsatz) bei insgesamt 10 Spielen.
   b) Erweitere die Tabelle für 100 Spiele. Welchen mittleren Reingewinn pro Spiel liefert die Simulation?
   c) Berechne, ausgehend von der Annahme, daß bei 360 Spielen das Rad bei genau 60 Spielen auf dem 60^0-Sektor, bei genau 120 Spielen auf dem 120^0-Sektor und bei genau 180 Spielen auf dem 180^0-Sektor stehen bleibt, den Erwartungswert für den Reingewinn. Vergleiche den Wert mit dem Ergebnis von Teilaufgabe b).

7. Zwei Münzen werden gleichzeitig geworfen. Während die eine Münze eine ideale Münze ist, fällt bei der anderen "Wappen" mit der doppelten Wahrscheinlichkeit wie "Zahl".
   a) Wie groß ist bei der ersten bzw. bei der zweiten Münze die Wahrscheinlichkeit für "Wappen" bzw. für "Zahl" ?
   b) Erstelle eine Tabelle für 100 Durchführungen dieses Zufallsexperiments, wobei die mittlere Anzahl von "Wappen" pro Wurf ausgegeben werden soll.
   c) Versuche das Ergebnis von Teilaufgabe b) zu erklären (vergl. Aufgabe 6c).

37 Monte-Carlo-Verfahren

Wie der Name andeutet, handelt es sich um ein Verfahren, das mit zufallsbedingten Ereignissen arbeitet. Zufallszahlen können zur Bestimmung von Näherungswerten für den Flächeninhalt einer Fläche benutzt werden.

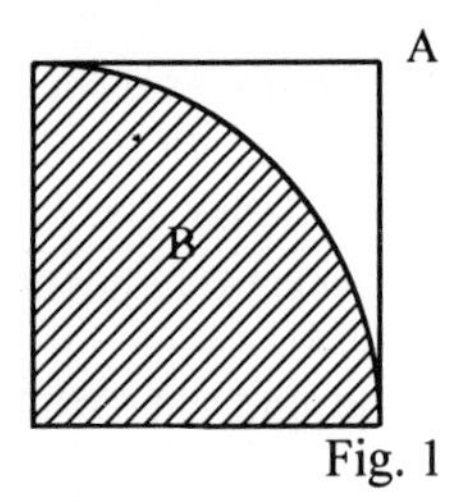

Fig. 1

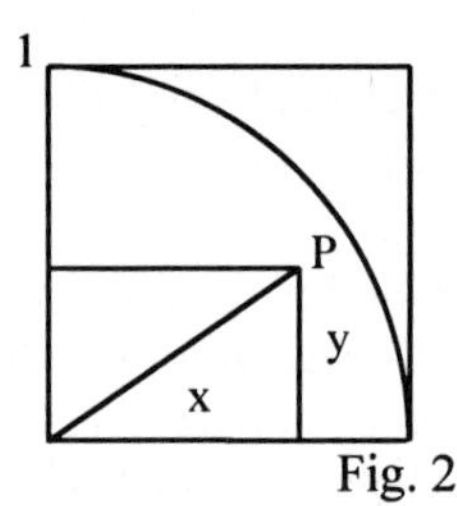

Fig. 2

B sei eine Teilfläche der Gesamtfläche *A* (Fig. 1). Auf der gesamten Fläche *A* werden Zufallspunkte erzeugt, die gleichmäßig verteilt seien. Für das Verhältnis der Flächeninhalte der Gesamtfläche *A* und der Teilfläche *B* gilt dann die Beziehung:

$$\frac{A}{B} \approx \frac{n_A}{n_B}$$

(*A* bzw. *B* stehen hier sowohl für die Fläche als auch für deren Inhalt.)
Hierbei sind n_A bzw. n_B die Anzahl der Punkte, die in der Fläche *A* bzw. *B* liegen.

Ist die Gesamtfläche *A* ein Quadrat mit der Seitenlänge 1 (Fig. 1) und die Teilfläche *B* ein Viertelkreis, der darin enthalten ist, so ergibt sich wegen

$$\frac{0{,}25 \cdot \pi}{1} \approx \frac{n_{Viertelkreis}}{n_{Quadrat}} \text{ die Beziehung } \pi \approx 4 \cdot \frac{n_{Viertelkreis}}{n_{Quadrat}} \qquad (*)$$

Hiermit läßt sich ein Verfahren zur Bestimmung eines Näherungswertes für π in einer Tabelle darstellen (Fig. 3).

n	x-Wert	y-Wert	Punkt im Viertelkreis ?	Pkte. im Kreis	pi
1	ZUFALLSZAHL()	ZUFALLSZAHL()	(Ausdruck)	ZS(-1)	4*ZS(-1)/ZS(-5)
Z(-1)S+1	ZUFALLSZAHL()	ZUFALLSZAHL()	(Ausdruck)	Z(1)S+ZS(-1)	4*ZS(-1)/ZS(-5)
Z(-1)S+1	ZUFALLSZAHL()	ZUFALLSZAHL()	(Ausdruck)	Z(-1)S+ZS(1)	4*ZS(-1)/ZS(-5)
↓	↓	↓	↓	↓	↓

Hierbei steht (Ausdruck) für WENN(ZS(-2)^2+ZS(-1)^2<=1) DANN 1 SONST 0

Fig. 3

In der zweiten und dritten Spalte der Tabelle werden jeweils die *x*- und die *y*-Koordinate eines Zufallspunktes durch die Funktion ZUFALLSZAHL() erzeugt. In der vierten Spalte wird geprüft, ob der so erzeugte Punkt im Viertelkreis (einschließlich des Randes) liegt.

Der Punkt liegt im Viertelkreis, wenn seine Entfernung (bzw. deren Quadrat) von der linken unteren Ecke des Quadrates kleiner oder gleich 1 ist (Fig. 2). In diesem Fall wird die betreffende Zelle der vierten Spalte mit 1 belegt, sonst mit 0. In der fünften Spalte wird die Anzahl der Punkte im Viertelkreis gezählt. Die Gesamtanzahl der erzeugten Zufallspunkte wird in der ersten Spalte notiert. In der letzten Spalte schließlich wird nach der Beziehung (*) der Näherungswert für π berechnet.

In Fig. 4 ist die Gestaltung der Tabelle und in Fig. 5 das Ergebnis für 10 Zufallspunkte wiedergegeben.

	A	B	C	D	E	F
1		Monte-Carlo-Pi				
2						
3						
4	n	x-Wert	y-Wert	im Vieteilkreis ?	Kreispkte.	pi
5	1	=ZUFALLSZAHL()	=ZUFALLSZAHL()	=WENN(B5^2+C5^2<=1;1;0)	=D5	=4*(E5/A5)
6	=A5+1	=ZUFALLSZAHL()	=ZUFALLSZAHL()	=WENN(B6^2+C6^2<=1;1;0)	=E5+D6	=4*(E6/A6)
7	=A6+1	=ZUFALLSZAHL()	=ZUFALLSZAHL()	=WENN(B7^2+C7^2<=1;1;0)	=E6+D7	=4*(E7/A7)
...	↓	↓	↓	↓	↓	↓

Fig. 4

	A	B	C	D	E	F
1		Monte-Carlo-Pi				
2						
3						
4	n	x-Wert	y-Wert	im Viertelkreis ?	Kreispkte.	pi
5	1	0,029783462	0,714703975	1	1	4
6	2	0,319069877	0,79658426	1	2	4
7	3	0,465345565	0,370116403	1	3	4
8	4	0,124525382	0,175098939	1	4	4
9	5	0,858010235	0,729846352	0	4	3,2
10	6	0,032353619	0,956222985	1	5	3,333333333
11	7	0,277262969	0,210948111	1	6	3,428571429
12	8	0,932722872	0,48265505	0	6	3
13	9	0,366574302	0,337549176	1	7	3,111111111
14	10	0,281786352	0,635090317	1	8	3,2

Fig. 5

Bemerkungen und Aufgaben.

1. Das Verfahren konvergiert nicht im Sinne der Analysis. Der in Spalte F berechnete Näherungswert für π wird mit zunehmender Anzahl der Zufallspunkte nicht unbedingt besser. Er kann sogar bei wachsendem n wieder schlechter werden. Dies hängt von der Qualität des Zufallsgenerators des benützten Tabellenkalkulationsprogramms ab.
   a) Erstelle die Tabelle nach Fig. 4 und setzte sie bis n = 200 fort.
   b) Stelle die Daten in der Spalte F in einem Diagramm dar.

2. Das Quadrat ABCD mit der Seitenlänge 1 wird durch die Diagonale AC in zwei kongruente Teildreiecke geteilt. Erstelle eine Tabelle für den Näherungswert des Flächeninhalts des Teildreiecks ABC nach dem Monte-Carlo-Verfahren.
   Benütze 200 Zufallspunkte. Vergleiche das Ergebnis mit dem exakten Wert.

3. Durch die Beziehung $y = \sqrt{b^2 - \frac{b^2}{a^2} \cdot x^2}$; $0 \leq x \leq a$, wird der Rand einer Viertelellipse beschrieben.
   a) Erstelle eine Wertetabelle, mit welcher der Ellipsenbogen dargestellt werden kann. Führe hierzu die Parameter a und b für die Halbachsen der Ellipse und den Parameter d für die Schrittweite der x-Werte ein. Stelle den Ellipsenbogen für a = 4 und b = 2 in einem Diagramm dar.
   b) Der Viertelellipse ist in ein Rechteck mit den Seiten a und b umbeschrieben (vgl. Fig. 1). Erstelle wie bei der Berechnung des Näherungswertes für π (Fig. 2) eine Tabelle zur Berechnung eines Näherungswertes für den Flächeninhalt der Ellipse nach dem Monte-Carlo-Verfahren. Zeige zunächst, daß für den Näherungswert des Flächeninhalts der Ellipse die Beziehung

   $$E \approx 4 \cdot \frac{n_{Ellipse}}{n_{Rechteck}} \cdot a \cdot b$$

   gilt, wenn $n_{Ellipse}$ die Anzahl der Zufallspunkte innerhalb der Viertelellipse und $n_{Rechteck}$ die Anzahl der Zufallspunkte im Rechteck ist.

4. Das Schaubild von f mit $f(x) = x^2$ bildet mit der x-Achse und der Geraden $x = a$ ($a > 0$) eine Fläche. Erstelle eine Tabelle zur Berechnung eines Näherungswertes für den Inhalt dieser Fläche nach dem Monte-Carlo-Verfahren. Führe einen Parameter a ein, so daß für verschiedene Werte von a der Flächeninhalt berechnet werden kann.

5. Die Sinuskurve bildet zwischen $x = 0$ und $x = \pi$ mit der x-Achse eine Fläche. Erstelle eine Tabelle, mit der ein Näherungswert für den Inhalt dieser Fläche nach dem Monte-Carlo-Verfahren berechnet werden kann.

6. Ein Punkt P(x | y| z) liegt im Innern (bzw. auf dem Rand) einer Kugel mit dem Radius 1, wenn für seine Koordinaten die Beziehung $\sqrt{x^2 + y^2 + z^2} \leq 1$ bzw. $x^2 + y^2 + z^2 \leq r^2$ gilt.
   a) Verwende diese Beziehung, um mit dem Monte-Carlo-Verfahren einen Näherungswert für das Volumen der Einheitskugel zu bestimmen. Benütze eine Achtelkugel, der ein Würfel der Kantenlänge 1 umbeschrieben ist.
   b) Führe einen Parameter r für den Kugelradius ein, um das Kugelvolumen in Abhängigkeit von r untersuchen zu können. Ein Punkt liegt innerhalb der Kugel mit dem Radius r, wenn für seine Koordinaten die Beziehung $\sqrt{x^2 + y^2 + z^2} \leq r$ gilt.

38 Baumdiagramme

Die Griechen benützten als Spielwürfel den Astragalus (das Sprungbein: kleiner Knochen zwischen den Knöcheln des Schien- und Wadenbeins von Schafen oder Ziegen). Auf Grund seiner Form kann der Astragalus nur auf vier Seiten zu liegen kommen. Denkt man sich diese vier Seiten mit den Ziffern 1 bis 4 beschriftet, so läßt sich mit Hilfe der relativen Häufigkeit angenähert eine Wahrscheinlichkeitsverteilung angeben (Fig. 1). Jeder Astragalus hat eine etwas andere Wahrscheinlichkeitsverteilung.

Ziffer	1	2	3	4
P(Ziffer)	0,1	0,35	0,48	0,07

Fig. 1

Beim Wurf des obigen Astragalus ist die Wahrscheinlichkeit für die Ziffer 1 gleich 0,1. Wenn man davon ausgeht, daß der zweite Wurf unabhängig vom ersten Wurf ist, ergibt sich als Wahrscheinlichkeit dafür, daß beim zweiten Wurf die Ziffer 2 kommt 0,35. Die Wahrscheinlichkeit, daß beim ersten Wurf die 1 und beim zweiten Wurf die 2 kommt, ist demnach gleich $0{,}1 \cdot 0{,}35$. Es gilt der spezielle Multiplikationssatz.

Mit den Konstanten

wa1 für das Werfen der Ziffer 1,
wa2 für das Werfen der Ziffer 2,
wa3 für das Werfen der Ziffer 3 und
wa4 für das Werfen der Ziffer 4

läßt sich das Baumdiagramm für zweimaliges Werfen in einer Tabelle darstellen (Fig. 2).

	1. Wurf		2. Wurf
		┌	Z(+2)S(-1)*wa1
		├	Z(+1)S(-1)*wa2
┌	Z(+7)S(-1)*wa1	– ├	ZS(-1)*wa3
│		└	Z(-1)S(-1)*wa4
│			
│		┌	Z(+2)S(-1)*wa1
│		├	Z(+1)S(-1)*wa2
├	Z(+2)S(-1)*wa2	– ├	ZS(-1)*wa3
│		└	Z(-1)S(-1)*wa4
1— │			
│		┌	Z(+2)S(-1)*wa1
│		├	Z(+1)S(-1)*wa2
├	Z(-3)S(-1)*wa3	– ├	ZS(-1)*wa3
│		└	Z(-1)S(-1)*wa4
│			
│		┌	Z(+2)S(-1)*wa1
│		├	Z(+1)S(-1)*wa2
└	Z(-8)S(-1)*wa4	– ├	ZS(-1)*wa3
		└	Z(-1)S(-1)*wa4

Fig. 2

Fig. 3 zeigt die Gestaltung der Tabelle und Fig. 4 einen Teil des Ergebnisses bei der in Fig. 1 angegebenen Wahrscheinlichkeitsverteilung des Astragalus.

	A	B	C	D	E	F
1	Astragalus			Parameter	wa1	<Eingabe wa1>
2					wa2	<Eingabe wa2>
3		1. Wurf	2. Wurf		wa3	<Eingabe wa3>
4			=B6*wa1		wa4	=1-wa1-wa2-wa3
5			=B6*wa2			
6		=A13*wa1	=B6*wa3			
7			=B6*wa4			
8						
9			=B11*wa1			
10			=B11*wa2			
11		=A13*wa2	=B11*wa3			
12			=B11*wa4			
13	1					
14			=B16*wa1			
15			=B16*wa2			
16		=A13*wa3	=B16*wa3			
17			=B16*wa4			
18						
19			=B21*wa1			
20			=B21*wa2			
21		=A13*wa4	=B21*wa3			
22			=B21*wa4			

Fig. 3

	A	B	C	D	E	F
1	Astragalus			Parameter	wa1	0,1
2					wa2	0,35
3		1. Wurf	2. Wurf	Ausgang	wa3	0,48
4			0,01	11	wa4	0,07
5			0,035	12		
6		0,1	0,048	13		
7			0,007	14		
8						
9			0,035	21		
10			0,1225	22		
11		0,35	0,168	23		
12			0,0245	24		
13	1	...	...	...		

Fig. 4

Beim Aufbau der Tabelle ist es vorteilhaft, diese von rechts nach links aufzubauen, um nachträgliches Verschieben wegen Platzmangels zu vermeiden.

Bemerkungen und Aufgaben

1. Erstelle die Tabelle in Fig. 3. Die Werte der Spalte C (Fig. 4) ergeben die Wahrscheinlichkeitsverteilung für das Zufallsexperiment "Zweimaliges Werfen des Astragalus (Fig. 1) mit Beobachtung der Augenzahl unter Berücksichtigung der Reihenfolge". Das Zufallsexperiment hat 16 Ausgänge.
   a) Lies aus der Tabelle die folgenden Wahrscheinlichkeiten ab
      1) Es fällt 1, 1.
      2) Es fällt 1, 2 oder 3, 1.
      3) Es fällt 1, 2 oder 2, 1.
      4) Es fallen zwei gleiche Augenzahlen.
   b) Beim Würfeln mit vier Astragali mit gleicher Wahrscheinlichkeitsverteilung (siehe Fig. 1) war bei den Griechen der schlechteste Wurf der "Hund". Der "Hund" war der Wurf "1, 1, 1, 1", d.h. alle vier Astraguli zeigen die "1".
      Berechne ohne Tabelle die Wahrscheinlichkeit, "auf den Hund zu kommen", d.h. den "Hund" zu werfen.
   c) Begründe, warum beim Würfeln mit vier Astragali mit gleicher Wahrscheinlichkeitsverteilung wie in Fig. 1 die Wahrscheinlichkeit für den Wurf "1, 2, 3, 4" (der erste Astragalus zeigt die "1", der zweite die "2", ...) und für den Wurf "2, 1, 3, 4" (der erste Astragalus zeigt die "2", der zweite die "1", ...) gleich ist.
      Wie groß ist diese?
      (Anregung: Anstatt vier identische Astragali gleichzeitig zu werfen, kann man sich vorstellen, daß man einen einzigen Astragalus viermal hintereinander wirft.) Der beste Wurf war "Aphrodite". Bei diesem Wurf mußten alle vier möglichen Seiten auftreten. Berechne ohne Tabelle die Wahrscheinlichkeit für den Wurf "Aphrodite".

2. Erstelle in einer Tabelle das Baumdiagramm für den gleichzeitigen Wurf von zwei Astragali, die verschiedene Wahrscheinlichkeitsverteilungen haben (Fig. 5).

Astragalus 1

Ziffer	1	2	3	4
P(Ziffer)	0,1	0,35	0,48	0,07

Astragalus 2

Ziffer	1	2	3	4
P(Ziffer)	0,09	0,36	0,41	0,14

Fig. 5

   a) Lies aus der Tabelle die Wahrscheinlichkeitsverteilung für das Zufallsexperiment "Gleichzeitiges Werfen der beiden Astragali mit Beobachtung der Augenzahl unter Berücksichtigung der Reihenfolge" ab.
   b) Gib die Wahrscheinlichkeit für folgende Ausgänge an.
      1) Es fällt 1, 1.
      2) Es fällt 1, 2 oder 3, 1.
      3) Es fällt 1, 2 oder 2, 1.
      4) Es fallen zwei gleiche Augenzahlen.

c) Bei dem Wurf der beiden Astragali werden die gefallenen Augenzahlen addiert. Welche Summenwerte können sich hierbei ergeben?
Wie groß ist die Wahrscheinlichkeit für jeden der möglichen Summenwerte?

3. Bei einem Zufallsexperiment werden aus drei Urnen mit Zurücklegen Kugeln gezogen. In der Urne U1 sind 10 rote und 40 weiße Kugeln. In der Urne U2 sind 30 rote, 20 schwarze und 10 weiße Kugeln. In der Urne U3 sind 10 rote, 40 schwarze und 20 weiße Kugeln. Aus der Urne U1 wird eine Kugel gezogen. Ist diese rot, so erfolgt der nächste Zug aus der Urne U2, andernfalls aus der Urne U3. Die Farben der beiden gezogenen Kugeln werden notiert.
   a) Erstelle mit den Parametern
      ro1 für die Anzahl der roten Kugeln in der Urne U1
      we1 für die Anzahl der weißen Kugeln in der Urne U1
      ro2 für die Anzahl der roten Kugeln in der Urne U2
      ... usw.
      in einer Tabelle ein zugehöriges Baumdiagramm.
      Lies die Wahrscheinlichkeitsverteilung für die möglichen Ausgänge ab.
      Mit welcher Wahrscheinlichkeit werden zwei gleichfarbige Kugeln gezogen?
   b) Versuche mit Hilfe der Tabelle die Anzahl der schwarzen Kugeln in der Urne U3 so zu wählen, daß die Wahrscheinlichkeit für zwei gleichfarbige Kugeln 0,5 ist. Die Anzahl der übrigen Kugeln in den Urnen soll erhalten bleiben.
   c) In der Urne U3 seien nun 10 schwarze Kugeln.
      Die Anzahl der übrigen Kugeln in den drei Urnen wird beibehalten.
      Wie groß ist die Wahrscheinlichkeit P("gleiche Farbe") dafür, daß zwei gleichfarbige Kugeln gezogen werden?
      Ändere die Anzahl der roten und/oder der weißen Kugeln in der Urne U1 ab und bestimme jeweils P("gleiche Farbe"). Welche Vermutung über P("gleiche Farbe") ergibt sich? Versuche die Vermutung zu beweisen.

4. Aus einer Urne, in der sich 10 rote und *w* weiße Kugeln befinden, wird dreimal mit Zurücklegen eine Kugel gezogen und die Anzahl der gezogenen weißen Kugeln notiert.
   a) Erstelle in einer Tabelle das Baumdiagramm für dieses Zufallsexperiment.
      Führe die Parameter r und w für die Anzahl der roten bzw. weißen Kugeln in der Urne ein.
   b) Ergänze die Tabelle durch eine Zelle, in der mit Hilfe einer entsprechenden Formel die Wahrscheinlichkeit dafür ausgegeben wird, daß mindesten zwei weiße Kugeln gezogen werden. Mit welcher Wahrscheinlichkeit werden bei w = 13 mindestens zwei weiße Kugeln gezogen?
   c) Entscheide mit Hilfe der Tabelle, wie die Anzahl der weißen Kugeln zu wählen ist, damit mit einer Wahrscheinlichkeit von mindesten 0,4 (höchstens 0,75) zwei oder mehr weiße Kugeln gezogen werden.
   d) Das Zufallsexperiment soll nun ohne Zurücklegen der gezogenen Kugeln durchgeführt werden. Ändere das Baumdiagramm in der Tabelle entsprechend ab. Beantworte die Fragen der Teilaufgabe b) und c).

39 Binomialverteilung

In einer Anordnung von übereinander stehenden Behältern B(n; k) fallen Kugeln ausgehend vom obersten Behälter B(0; 0) durch die Behälter der darunterliegenden Schichten bis zum Boden (Fig. 1).

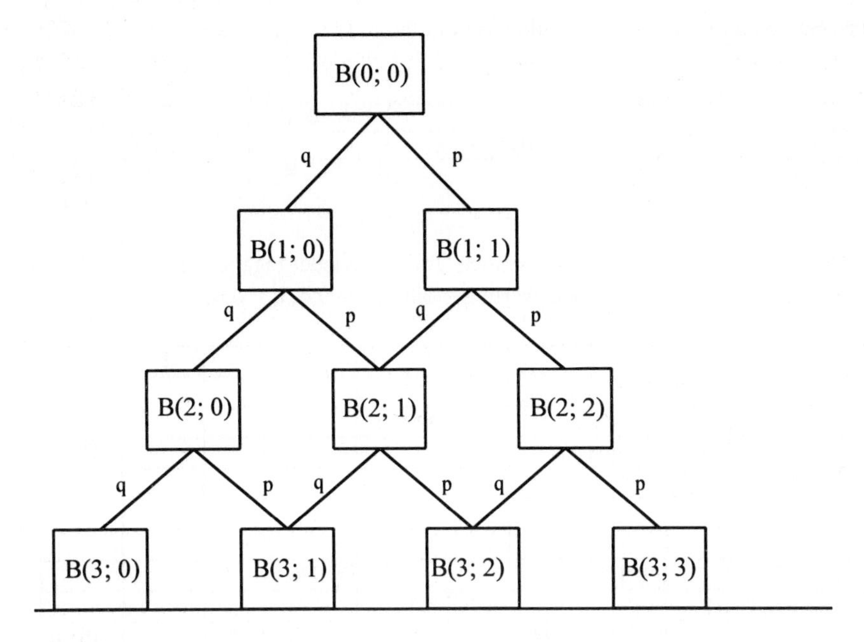

Fig. 1

Von jedem Behälter aus fällt der Bruchteil p der dort ankommenden Kugeln in den rechts darunter stehenden Behälter, der Rest (also der Bruchteil $q = 1 - p$) fällt in den links darunter stehenden Behälter. In B(0; 0) seien g Kugeln. Hiervon fallen $q \cdot g$ durch den Behälter B(1; 0) und $p \cdot g$ Kugeln durch den Behälter B(1; 1). Von den Kugeln, die in B(1; 0) ankommen, fällt der Bruchteil q weiter durch B(2; 0) und der Bruchteil p weiter durch B(2; 1). Durch B(2; 0) fallen also $q \cdot (q \cdot g)$ Kugeln. Nach B(2; 1) gelangen von B(1; 0) aus $p \cdot (q \cdot g)$ Kugeln und zusätzlich von B(1; 1) aus $q \cdot (p \cdot g)$, also insgesamt $p \cdot (q \cdot g) + q \cdot (p \cdot g)$ Kugeln.

Die Anzahl der Kugeln, die durch die einzelnen Behältern fallen bzw. in der untersten Reihe ankommen, läßt sich in einer Tabelle Reihe um Reihe schrittweise berechnen (siehe Fig. 2). Die Behälter am Rande erhalten ihren "Zufluß" jeweils nur von einem Behälter am Rande der darüberliegenden Reihe, die übrigen Behälter dagegen von zwei Behältern der darüberliegenden Reihe.

Mit den Konstanten

g für die Gesamtanzahl der Kugeln in B(0; 0),
p für den Bruchteil der Kugeln, die jeweils nach rechts fallen und
q für den Bruchteil der Kugeln, die jeweils nach links fallen (q = 1 - p)

ergibt sich das Berechnungsverfahren für eine Tabelle (Fig. 2).

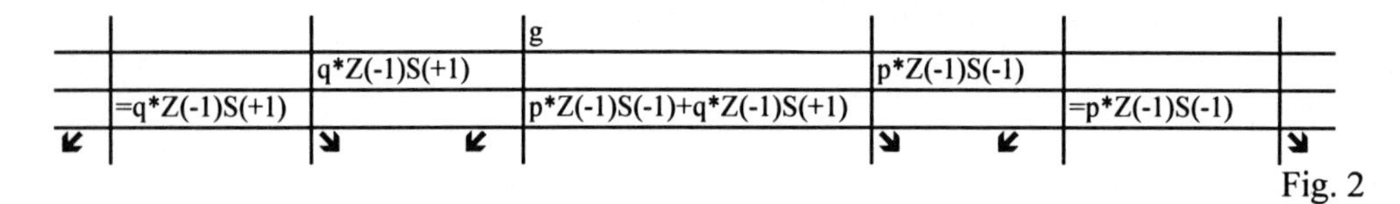

Fig. 2

In Fig. 3 ist die Gestaltung einer entsprechenden Tabelle wiedergegeben. Die Tabelle in Fig. 4 zeigt das Ergebnis für die Parameterwerte g = 1000, p = 0,4, q = 0,6.

	A	B	C	D	E	F	G
1	Binomialverteilung						
2	Parameter	g	<Eingabe g>				
3		p	<Eingabe p>				
4		q	=1-p				
5							
6				=g			
7			=q*D6		=p*D6		
8		=q*C7		=p*C7+q*E7		=p*E7	
9	=q*B8		=p*B8+q*D8		=p*D8+q*F8		=p*F8

Fig. 3

	A	B	C	D	E	F	G
1	Binomialverteilung						
2	Parameter	g	1000				
3		p	0,4				
4		q	0,6				
5							
6				1000			
7			600		400		
8		360		480		160	
9	216		432		288		64

Fig. 4

Bemerkungen und Aufgaben

1. Befindet sich im obersten Behälter nur eine einzige Kugel (*g* = 1), so stellen die Werte in der Zeile 9 von Fig. 4 die Wahrscheinlichkeiten dafür dar, daß diese Kugel in den betreffenden Behälter fällt.

Die Wahrscheinlichkeit dafür, daß die Kugel den Behälter B(3; 0) erreicht, wird mit $B_{3;p}(0)$ bezeichnet.

Allgemein wird die Wahrscheinlichkeit für das Erreichen des Behälters B(n; k) mit $B_{n;p}(k)$ bezeichnet.
Wenn der Parameter g den Wert 1 hat, stehen also bei obigem Aufbau der Tabelle in den Zeilen 6 bis 9, beginnend mit n = 0, die Werte $B_{n;p}(k)$ der Binomialverteilung. In der n-ten Zeile läuft k von 0 (linke Randzelle) bis n (rechte Randzelle). In C9 der Tabelle in Fig. 4 z. B. steht dann der Wert von $B_{3;p}(1)$.
Zum Erstellen einer Binomialverteilung kann daher die Tabelle in Fig. 3 benutzt werden, wenn der Parameter g mit dem Wert 1 belegt wird.

a) Erstelle eine Tabelle, welche $B_{n;p}(k)$ für $n = 1$ bis $n = 5$ berechnet. Verwende wie oben Parameter p und q (q = 1 - p).
b) Der Aufbau der Tabelle nach Fig. 3 hat den Nachteil, daß sie für größere Werte von n nur durch nachträgliches Verschieben erweitert werden kann, da irgendwann am linken Rand der Tabelle kein Platz mehr frei ist. Dieser Nachteil entfällt bei einem Aufbau der Tabelle, wie ihn Fig. 5 zeigt.

	k→			
n ↓	0	=ZS(-1)+1	=ZS(-1)+1	=ZS(-1)+1
0	=g			
Z(-1)S+1	q*Z(-1)S	p*Z(-1)S(-1)		
Z(-1)S+1	q*Z(-1)S	p*Z(-1)S(-1)+q*Z(-1)S	p*Z(-1)S(-1)	
↓	↓	↓	p*Z(-1)S(-1)+q*Z(-1)S	↘

Fig. 5

In der ersten Spalte werden die Werte für n und in der ersten Zeile die Werte für k aufgetragen.
Erstelle die Tabelle bis n = 5 in dieser Form. Vergleiche mit Fig. 4.

2. In der Tabelle von Fig. 3 werden die Werte $B_{n;p}(k)$ rekursiv berechnet, d.h. es wird auf bereits berechnete Werte zurückgegriffen. Wie lautet die entsprechende Rekursionsformel?

3. Erweitere die in Aufgabe 1b) erstellte Tabelle durch eine Spalte, in der der Wert der Summe

$$\sum_{k=0}^{n} B_{n;p}(k)$$

für $n = 1$; ... berechnet wird.
Welchen Wert hat bei $n = 5$ diese Summe für $p = 0{,}5$?
Welchen Wert hat bei $n = 5$ (4; 3; 2) diese Summe für $p = 0{,}1$; 0,2; 0,3; ...?

4. Erstelle für $n = 10$ eine Tabelle für die Binomialverteilung nach Fig. 5. Benütze die Parameter p und q (q = 1 - p).
   a) Stelle die zugehörige Binomialverteilung durch ein Säulendiagramm dar. (Wähle p = 0,3).
   b) Wie ändert sich das Säulendiagramm, wenn p die Werte 0,4; 0,5; 0,6; 0,7 annimmt? Für welchen Wert von p ist das Säulendiagramm symmetrisch? Für welchen Wert von k ist $B_{n;p}(k)$ jeweils am größten?

5. Erstelle für p = 0,5 eine Tabelle sowie das zugehörige Säulendiagramm für die Binomialverteilung (Fig. 5) für n ≤ 10. Wie ändert sich die Verteilung, wenn n die Werte 5; 6; ...; 10 durchläuft?

6. Ein Wanderer hat sich in einem Wald mit quadratischem Wegenetz verirrt (Fig. 6). Er befindet sich im Punkt A und hat sich vorgenommen, an jeder Wegekreuzung nur in Richtung Osten oder Süden zu gehen. Die Entscheidung über die Richtung will er jedesmal von dem Ergebnis eines Münzwurfes abhängig machen. Die Münze zeigt mit der Wahrscheinlichkeit p ein "O" und mit der Wahrscheinlichkeit $q = 1 - p$ ein "S"; bei "O" geht er nach Osten, bei "S" geht er nach Süden.

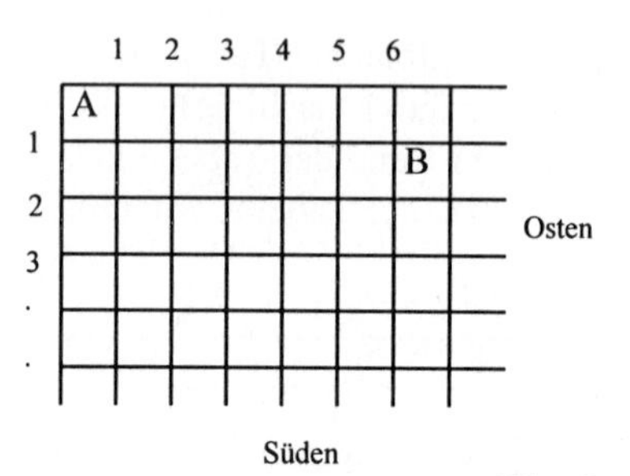

Fig. 6

   a) An welchen Punkten des Wegenetzes kann er sich nach dem 7. Münzwurf befinden?
   b) Erstelle eine Tabelle zur Berechnung der Wahrscheinlichkeiten, mit denen er jeden der 8 möglichen Endpunkte erreicht. Führe für die Wahrscheinlichkeit, mit der er nach Osten bzw. nach Süden geht, die Parameter o (Osten) und s (Süden) ein, um die gesuchten Wahrscheinlichkeiten für verschiedene Werte von o und s berechnen zu können.
   c) Untersuche mit der Tabelle, für welche Werte von p die Wahrscheinlichkeit dafür, daß er den Punkte B erreicht, größer ist als 0,2.

7. Beim Würfeln mit einem Laplace-Würfel ist die Wahrscheinlichkeit für das Werfen einer 6 gleich 1/6. Beim gleichzeitigen Werfen von 5 Laplace-Würfeln ist die Wahrscheinlichkeit dafür, daß von den 5 Würfeln genau k eine 6 zeigen, gleich $B_{5;1/6}(k)$.
   a) Erstelle eine Tabelle zur Berechnung der Wahrscheinlichkeiten $B_{n;p}(k)$ für $n = 5$ und $p = 1/6$.
   b) Wie groß ist die Wahrscheinlichkeit, daß beim gleichzeitigen Werfen der 5 Würfel
      1) genau 1 (2; 3; 4; 5; 6) Würfel
      2) 3 oder 4 Würfel
      3) mindestens 1 (2; 3) Würfel
      4) höchstens 3 (1; 2) Würfel
      eine 6 zeigen?

Anhang Tabellenkalkulation

Der Anhang enthält nur die wichtigsten Funktionen von Tabellenkalkulationsprogrammen.

1. Mathematische Funktionen.

ABS(x)	COS(x)
EXP(x)	GANZZAHL(x)
LN(x)	LOG(x)
REST(Zähler; Nenner)	RUNDEN(x; Dezimalstellen)
SIN(x)	TAN(x)
WURZEL(x)	ZUFALLSZAHL()
PI()	

Als Argumente können Zahlen, Ausdrücke oder Adressen stehen.

2. Erzeugung von Zufallszahlen.
Durch die Funktion ZUFALLSZAHL() wird eine Zufallszahl aus dem halboffenen Intervall [0; 1[erzeugt. Da sich dieses Intervall durch Streckung und Verschiebung auf jedes andere halboffene Intervall der Zahlengeraden abbilden läßt, lassen sich Zufallszahlen aus jedem benötigten Intervall erzeugen:
Die Streckung mit dem Faktor k bildet das Intervall [0; 1[auf das Intervall [0; k[ab.
Die Addition einer Zahl a bildet das Intervall [0; 1[auf das Intervall [a; 1+ a[ab. Eine Zufallszahl aus dem Intervall [1; 7[wird z. B. durch die Formel =6*ZUFALLSZAHL() + 1 erzeugt. Benützt man zusätzlich noch die Funktion GANZZAHL(x), so läßt sich eine ganzzahlige Zufallszahl aus jedem benötigten Bereich erzeugen.
So liefert z. B. die Formel
=GANZZAHL(6*ZUFALLSZAHL()) + 1 oder =GANZZAHL(6*ZUFALLSZAHL() + 1)
eine ganzzahlige Zufallszahl aus der Menge {1; 2; 3; 4; 5; 6}.

3. Die Alternative
WENN(<Bedingung>;<Dann-Wert>;<Sonst-Wert>).
Steht z. B. in der Zelle A2 die Formel =WENN(A1<=0;1;2), so wird die Zelle A2 mit dem Wert 1 belegt, falls der Wert in der Zelle A1 kleiner oder gleich 0 ist, andernfalls wird A2 mit dem Wert 2 belegt.

4. Die Summenbildung
SUMME(<erste Zelle>:<letzte Zelle>).
Steht z. B. in der Zelle A1 die Formel =SUMME(A2:B3), so wird die Zelle A1 mit dem Wert der Summe der Zellenwerte von A2, A3, B2 und B3 belegt.

5. Maximum und Minimum
MAX(<erste Zelle>:<letzte Zelle>) und
MIN(<erste Zelle>:<letzte Zelle>).
Steht z. B. in der Zelle A1 die Formel =MAX(A2:A4), so wird die Zelle A1 mit dem Maximum der Werte der Zellen A2, A3, A4 belegt.

Sachverzeichnis